Christoph Rau

Die beiden Jesusknaben
und die dreifache Messiaserwartung der Essener

Christoph Rau

Die beiden Jesusknaben

und die dreifache Messiaserwartung
der Essener

MAYER

Einband: Maria mit Johannes d. T. und zwei weiteren Knaben.
»Madonna del Duca di Terranuova« von Raphael,
Öl auf Pappelholz um 1505
Gemäldegalerie Staatliche Museen zu Berlin/247 A
bpk / Gemäldegalerie, Staatliche Museen zu Berlin. Photo Jörg P. Anders

Bibliografische Information Der Deutschen Bibliothek
Die Deutsche Bibliothek verzeichnet diese Publikation
in der Deutschen Nationalbibliografie;
detaillierte bibliografische Daten sind im Internet
über http://dnb.ddb.de abrufbar.

ISBN 978-3-86783-022-5

Einband: Klaus Dempel, Stuttgart
Satz: de·te·pe, Aalen
Druck und Bindung: GGP Media GmbH, Pößneck

Inhalt

Geleitwort

Die in den Evangelien enthaltenen Wahrheiten bleiben unergründlich. Rudolf Steiner hat aus seinen tiefen Einblicken in die übersinnliche Welt so manche neuen Zusammenhänge aufgezeigt, die seine Zeitgenossen überraschen mussten.

Als er im Jahre 1909 begann, von zwei Jesusknaben und ihrer Verbundenheit mit den höchsten Geistesheroen der Menschheit zu sprechen, erregte dies vor allem die Gemüter der Theologen. Zu den wenigen jedoch, die sich auf Rudolf Steiners unerwartete, unbequeme und bisweilen sogar erschütternde Forschungs-Ergebnisse einließen, gehörte Friedrich Rittelmeyer. Er hatte Gelegenheit, mit Rudolf Steiner öfters über solche neuen Erkenntnisse zu sprechen. Als er bei einer solchen Begegnung fragte, warum er dies nur in kleinem Kreis und nicht in aller Öffentlichkeit den Menschen sagte, antwortete Steiner: "Weil in der Menschheit heute noch kein Aufnahmevermögen da ist für solche Wahrheiten.« Für die Wahrheit der zwei Jesusknaben hatte Steiner allerdings auf solches Vermögen gehofft. Doch dann stellte sich heraus, dass nur wenige dafür aufnahmebereit waren, und so sollte es zunächst noch bleiben.

An die Adresse der sich dem Neuen verschließenden Mehrheit richtete er bald darauf die eindringliche Mahnung: falls die Menschheit das ihr jetzt Gebotene nicht annehme, werde sie wieder hundert Jahre bis zu einer neuen Gelegenheit warten müssen. Seither sind hundert Jahre verflossen.

Mit dem Erscheinen dieses Buches verbindet sich die Hoffnung, dass sich in unserer Zeit Menschen finden, welche die darin beschriebene Herausforderung an ihre weltanschaulichen Vorstellungen und religiösen Überzeugungen annehmen können: dass es einer vielschichtigen Vorausschau bedurfte und sorgfältige Vorbereitungen getroffen werden mussten, damit diese beiden Individualitäten die Menschwerdung Christi zur rechten Zeit einleiten konnten.

In unserer Zeit wiederholt sich, was Jesus vor zweitausend Jahren seinen Zeitgenossen sagte: *Selig sind eure Augen, die das sehen können, was ihr seht, und eure Ohren, dass sie hören. Ich sage euch aber: viele Propheten und Gerechte haben begehrt, das zu sehen, was ihr seht, und haben es nicht gesehen, und zu hören, was ihr hört, und haben es nicht gehört.*

Es waren viele, die damals nicht sehen und nicht hören wollten, so dass sie keinen Zugang zu dem von Christus begründeten Reich fanden. Auch heute ist es eine Frage, wie viele offene Ohren sich finden und sich entschließen zu einem gemeinsamen Ringen um ein wahres Christusverständnis.

Berlin, im März 2010 Vicke von Behr

Einführung

In seinen Vorträgen über das fünfte Evangelium hat Rudolf Steiner viele Einzelheiten aus dem Jesus-Leben mitgeteilt, die weder im Neuen Testament noch in apokryphen Evangelien überliefert sind. Vorwiegend betreffen diese internen Mitteilungen die Zeit zwischen dem 12. und 30. Lebensjahr Jesu und waren nach Rudolf Steiners ausdrücklicher Mahnung nur für Mitglieder der Theosophischen Gesellschaft bestimmt. Von solcher Einschränkung war die Kindheit Jesu nicht betroffen, die uns hier vordergründig interessiert, doch gebührt auch diesen Mitteilungen ein behutsamer Umgang. Nachdem sich Rudolf Steiner im September 1909 innerhalb einer Vortragsreihe über das Lukasevangelium erstmals über die zweifache Kindheit Jesu geäußert hatte, veröffentlichte er zwei Jahre später in einer Broschüre den Inhalt von drei Vorträgen, die er im Juni 1911 zu diesem Thema in Kopenhagen gehalten hatte,[1] um seine Entdeckung rasch bekannt zu machen. Darin könnte man indirekt einen Auftrag sehen, sich mit *»dieser Sache«* (wie er gelegentlich seine Kritiker zitierte) in ihrem ganzen Umfang ausführlich und gründlich auseinanderzusetzen. Die Reaktion auf die Veröffentlichung war jedoch so negativ, dass Rudolf Steiner die Mitglieder 1913 um stärkere Zurückhaltung bat. Noch heute begegnet die sachliche Darstellung dieser Angelegenheit ungläubigem Kopfschütteln oder gar heftigem Widerstand.

In zurückliegenden Jahren haben sich dann viele Schüler Steiners einer übersichtlichen Darstellung des Themas angenommen. Als erster gab Adolf Arenson bereits 1921 – noch zu Rudolf Steiners Lebzeiten – seine Schrift »Die Kindheitsgeschichte Jesu« heraus,[2] worin er Rudolf Steiners Forschungen mit dem Wortlaut der Evangelien verglich. 1924 veröffentlichte Emil Bock – schon bald nach Begründung der Christengemeinschaft – in dem schmalen Band »Die Kindheit Jesu« zwei apokryphe Kindheitsevangelien, ohne aber in der Einleitung das

1 R. Steiner, GA 15.
2 Neuauflage Freiburg 1980 (Heft 2).

Thema der beiden Jesusknaben zu erwähnen. Erst in seinem Buch »Kindheit und Jugend Jesu« (1939) ging er ausführlich auf die zwei Jesusfamilien ein. Den letzten Neuauflagen dieses Werkes fügte Gundhild Kačer-Bock die beiden apokryphen Kindheitsevangelien in Emil Bocks Übersetzung an, nun mit einer Vorbemerkung über die seinerzeit unbeachtet gebliebenen Unterschiede der beiden Kindheiten.

1959 – zwölf Jahre nach den ersten Textfunden in den Höhlen von Qumran – brachte Friedrich Hiebel seine kurze, aber unmittelbar ins Zentrum zielende Studie »Bibelfunde und Zeitgewissen« heraus – als krönende Zusammenfassung seiner im »Goetheanum« seit 1956 veröffentlichten Aufsätze über das Essenertum, in denen er grundsätzliche Denkanstöße zur Verbindung der essenischen Messiaserwartung mit der Lehre der beiden Jesusknaben gab. Unter Berücksichtigung der ersten Veröffentlichungen der Fachgelehrten über die Zwei-Messias-Lehre zeigte er die Beziehung der essenischen Vorstellungen zum Dualismus Zarathustras auf. Da er auch die essenische Erwartung des Propheten erwähnte, die sich für die wissenden Christen in Johannes dem Täufer als dem Vorläufer Christi erfüllte, erfasste Hiebel als einer der ersten die dreifache Messiaserwartung.

Nur kurz berührte Reinhard Wagner 1969 in seiner Studie »Die unbekannten Jahre Jesu« die Unterschiede der Kindheitsberichte in den Evangelien, um desto ausführlicher den jüdischen Hintergrund zur Kindheit und das Milieu des Ereignisses mit dem zwölfjährigen Jesus im Tempel zu behandeln. Im selben Jahr 1969 erschien erstmals das umfassende Werk von Hella Krause-Zimmer über »Die zwei Jesusknaben in der bildenden Kunst«, in dem sie mit zahlreichen Bildwiedergaben auf das Wissen der Maler von den zwei Jesusknaben bis in die Renaissancezeit aufmerksam machte. Neue Bild-Entdeckungen zu den Jesusknaben verlangten in den Folgejahren laufend weitere Neuauflagen des erwähnten, reich mit bildlichen Belegen ausgestatteten Bandes.

1978 schrieb Ormond Edwards eine »Chronologie des Lebens Jesu«, in der er mit Hilfe astronomischer Berechnungen und einer eigenwilligen Verkürzung der Jahre auf neun Monate die Aussagen Rudolf Steiners zu den drei Christusjahren untermauerte. Wenige Jahre später (1983) veröffentlichte Walther Bühler sein Buch »Der Stern der Weisen« als eine ausführliche Würdigung der astronomischen Verhältnisse und ihrer Deutung durch Johann Kepler.

1992 erschien »Am Ursprung des Christentums« von Andrew Welburn. Der Autor versucht, die Wurzeln des Christentums bei den Essenern freizulegen, im Zuge der damals gängigen These vom Einfluss der Essener auf die Entstehung des Christentums. Neben guten Einzelbeobachtungen und vielen neu gefundenen Entsprechungen zu apokryphen und altorientalischen Schriften weist das Werk leider auch empfindliche Lücken auf – z.B. berücksichtigt es nicht die unverzichtbare Beziehung des messianischen Propheten zu Johannes dem Täufer –, die das umfangreiche Werk für eine goetheanistisch ausgerichtete Forschung wenig geeignet erscheinen lassen.

Ähnliches gilt für eine kleine Studie, welche Elsbeth Weymann 1993 über den zweifachen Messias bei den Essenern unter dem Titel »Zepter und Stern« veröffentlichte. Neben einigen ungenau zitierten Belegstellen aus apokryphen Schriften kommt ihr das Verdienst zu, unsere Leserschaft erstmals auf die Beziehung des Hebräerbriefes zur essenischen Zwei-Messias-Lehre aufmerksam gemacht zu haben, die der schwedische Theologe Hans Kosmala 1959 ausführlich dargestellt hatte. Bedauerlicherweise versäumte sie dabei, auf die grundlegenden Arbeiten des jüdischen Archäologen Yigail Yadin einzugehen, der als erster nachweisen konnte, welchen Einfluss das Neue Testament – speziell im Hebräerbrief – auf die essenischen Vorstellungen ausgeübt hat.

In »Herodes und der Stern von Bethlehem« untersuchte Hella Krause-Zimmer 1997 vor allem die chronologische Abfolge. In zahlreichen Zeitschrift-Aufsätzen durchleuchtete sie in jenen Jahren bis in den letzten Winkel alle diesbezüglichen Fragen und konnte 1988 bestätigen, was Hella Wiesberger schon 1962 ermittelt hatte: dass Rudolf Steiner die ersten Äußerungen über die beiden Jesusknaben im September 1909 in Basel gemacht hat. Obwohl ihr eigentliches Gebiet die bildende Kunst war, blieben doch die zwei Jesusknaben ihr hauptsächliches Thema, das sie bis zu ihrem Tod im Jahr 2002 in zahlreichen Aufsätzen beleuchtete. Und nun ist vor wenigen Monaten das nachgelassene Werk Hella Krause-Zimmers über Christian Rosenkreutz erschienen, das sich mit den Inkarnationen Johannes des Täufers, des Johannes Lazarus und der drei Weisen aus dem Morgenland befasst.

Auch seither ist es nicht ganz still geworden um diesen zentralen Fragenkomplex. Peter Selg hat das Thema noch einmal kurz gestreift in seiner Studie »Rudolf Steiner und das Fünfte Evangelium« (Dornach 2005), die er hauptsächlich der Jugendzeit Jesu widmete. Es ist an der

Zeit, das Thema der Kindheit Jesu vom theologischen Gesichtspunkt aus neu zu beleuchten. Jede einzelne Aussage werden wir an den Evangelien und anderen alten Quellen genau überprüfen. Unter anderem geht es darum, die bislang keineswegs genügend beachteten Texte der Schriftrollen vom Toten Meer zu sichten, die mit ihren Aussagen die Bedeutung der geisteswissenschaftlichen Entdeckung Rudolf Steiners vor nunmehr hundert Jahren wesentlich steigern.

Gern und dankbar erwähne ich die Namen derer, die diese Arbeit mit Hinweisen unterstützten. An erster Stelle sind Frau Ellen Huidekoper und Frau Carola Balcke zu nennen, die sich mit dem Anliegen der Darstellung besonders tief vertraut gemacht und sowohl in Einzelfragen wie auch in der Gesamtanlage wesentliche Anstöße gegeben haben. Wertvolle Anregungen verdanke ich außerdem mehreren Bekannten und Kollegen: Herrn Dr. Wolfgang Niehaus †, Joachim Grebe, Klaus Heyde und Helmut Lubitz – ihnen allen fühle ich mich im Bemühen um das Verständlichmachen eines wesentlichen Kulturgutes in Dankbarkeit verbunden.

Möge *diese Sache*, die Rudolf Steiner vor hundert Jahren nach seinen eigenen Worten zugekommen ist als *etwas, was wirklich nur aus der Region des Geistes kommen kann,* mit ihrer eigenartigen Spiegelung in vorchristlichen Prophezeiungen und deren Deutungen bei Essenern und Aposteln, jedem Leser Anstöße geben, sich einen neuen Blick für die Spannweite und die eschatologische Vergegenwärtigung des Eintritts Christi in die Weltgeschichte anzueignen. Ständig steht dabei die Frage im Raum: Wird es einmal gelingen, die Öffentlichkeit mit dem kaum beachteten Forschungsergebnis Rudolf Steiners vertraut zu machen? Immerhin würdigte der Erlanger Theologe Werner Thiede die hundertjährige Wiederkehr von Rudolf Steiners Ersterwähnung der zwei Jesusknaben 1909 durch einen ganzseitigen Aufsatz im »Rheinischen Merkur« (Nr. 50 vom 10. 12. 2009).

Braunschweig, im Winter 2009 auf 2010 — Christoph Rau

Das Rätsel der beiden Stammbäume

Zu den großen Rätselfragen der Bibel gehören die zwei Stammbäume für Jesus. Wie kann ein Messias seiner irdischen Abstammung nach verschiedene Vorfahren haben? Weder der an genaues Auflisten gewöhnte Zöllner Matthäus noch der auf exakte Chronologie bedachte Evangelist Lukas können in Verdacht geraten, sich der Überlieferung gegenüber untreu verhalten zu haben. Jede dahin gehende Vermutung hebt sich auf, sobald man bedenkt, dass noch heute für einen Juden die Familienbindung im Mittelpunkt des Lebens steht, weshalb alles die Vorfahren Betreffende besonders sorgfältig behandelt wurde, wie Strack-Billerbeck und andere Kenner des Judentums nachgewiesen haben.[3] Betrachten wir zunächst die Anfangskapitel bei Matthäus und bei Lukas.

Matthäus zählt für Christus 42 Vorfahren von Abraham über David bis zum Sohn des Joseph, während Lukas die Reihe der 77 Ahnen abwärts über David und Abraham bis auf den Urvater Adam zurückführt. Nur die Namen zwischen Abraham und David stimmen in den Listen (fast) genau überein (vgl. die Übersicht am Ende dieses Kapitels). Bei den Söhnen Davids trennt sich die Linie: die eine geht über Davids Sohn Salomo, die andere über Nathan. Matthäus gruppiert die Reihe der 42 Ahnen in dreimal vierzehn Generationen, als ob es ihm mehr auf das Typische der vierzehn Generationen ankam als auf chronologische Vollständigkeit.

Schon früh haben sich Kirchenväter Gedanken gemacht über die Gründe für so verschiedene Stammtafeln. Einige vertraten die heute noch verbreitete Meinung, der eine Stammbaum betreffe die Abstammung des Vaters Joseph und der andere die Herkunft der Mutter Maria. Andere erklärten die Unterschiede aus dem Gesetz der jüdischen Levirats-Ehe, ohne eine befriedigende Lösung zu finden.[4] Das

3 H. Strack-Billerbeck, Kommentar zum Neuen Testament aus Talmud und Midrasch, zit. nach D. Lauenstein 1971 S. 134 ff.; Lauenstein orientiert umfassend über weitere Deutungen der Stammbäume.

4 Levirats-Ehe: Wenn ein verheirateter Jude starb, musste sein Bruder die Frau stellvertretend übernehmen; vgl. 5 Mos 25,5; Mk 12,18–23.

geht aus einem Brief des Julius Afrikanus aus dem 3. Jahrhundert hervor, den Eusebius in seiner Kirchengeschichte anführt. Darin heißt es: *Die Aufzählung der Namen in den Stammtafeln war in Israel entweder physisch oder gesetzlich; physisch war sie, wenn der leibliche Sohn folgte, gesetzlich, wenn ein Fremder an Kindes Statt angenommen wurde auf den Namen des ohne Kinder gestorbenen Bruders … Weil nun die Evangelien im einen Fall die natürliche Zeugung berücksichtigten, im anderen Fall eine gesetzliche Gewohnheit, so irrt sich keines der beiden … Die beiden Berichte sind also vollständig richtig; wenn auch unter verschiedenen Verschlingungen, führen sie doch wahrheitsgemäß zu Joseph.*[5] Damit bestätigt Julius Afrikanus die Evangelisten als zuverlässige Zeitzeugen. Wenn er die Davidnachkommen in die von *Salomon* und die von *Nathan* stammende Reihe trennt, benennt er die beiden Vorfahrenlinien in klassisch gültiger Weise. Auch heute bemühen sich einige Forscher in ähnlicher Art, die Widersprüche der Geschlechtsregister zu harmonisieren. Doch es kann nicht gelingen, da beide Linien von den Evangelisten auf das Brüderpaar Salomo und Nathan zurückgeführt werden, ohne dass dies ein Leviratsverhältnis nötig gemacht hätte. Auch die bedeutend höhere Anzahl der 42 Vorfahren bei Lukas (gegenüber 28 Namen bei Matthäus) macht die Annahme einer vom Gesetz auferlegten Nebenlinie unwahrscheinlich. Leider können weder Julius Afrikanus noch andere Theologen erklären, warum Lukas für denselben Zeitraum vierzehn Vorfahren mehr nennt als Matthäus. Vielleicht hat Ernst Lohmeyer Recht: Matthäus habe sich in den Dienst der galiläischen Christen gestellt, die *mit Genealogien* missionierten.[6] Andere Forscher neigen dazu, die nicht überlieferten Namen als freie Erfindung hinzustellen. Die erwähnte Sorgfalt, mit der familiäre Überlieferungen von den Juden behandelt wurden, schließt jedoch jede Willkür aus.[7] Wie erklärt sich dann der doppelte Stammbaum?

Während Matthäus bei dem Stammvater Abraham beginnend Sohn an Sohn aufzählt bis zu Jesus, dem Sohn des Joseph, nennt Lukas insgesamt 77 Vorfahren Jesu von Vater zu Vater rückwärts gehend bis zu Adam, und am Ende der langen Liste heißt es lapidar: *Dieser war Gottes.* Obwohl Lukas der Zahl 77 keine Bedeutung zumisst, liegt auch bei

5 Eusebius von Cäsarea, 1967 S. 100.

6 E. Lohmeyer, Das Evangelium des Matthäus, Göttingen 1967 S. 8.

7 Das Protevangelium des Jakobus (siehe Anhang) spricht von amtlich geführten Familienregistern.

ihm eine sinnvolle Gruppierung vor: als Grundlage der Ahnenreihe bei Lukas fand Walter Grundmann *das Schema einer Zwölfwochenapokalypse ...*[8] Die Erweiterung des Stammbaums ist für Lukas ein menschheitliches Anliegen, wie es der weiträumigen Zeitvorstellung des Evangelisten entspricht. Auf die wichtige Deutung der Unterschiede durch Rudolf Steiner können wir erst in einem späteren Kapitel eingehen. Allein seine Auffassung der dreimal vierzehn Generationen bei Matthäus sei hier skizziert.

Um seinen Zuhörern die Eigenart der Stammtafel Jesu zu erklären, bezieht Rudolf Steiner – in ähnlicher Weise wie schon der Kirchenvater Augustinus – die dreimal vierzehn Generationen der Volksentwicklung auf die drei ersten Jahrsiebte im menschlichen Lebenslauf. Was im Einzelleben sieben Jahre zur Entwicklung braucht, benötige bei einem Volk vierzehn Generationen, da sich eine Eigenschaft nicht gleich auf die nächste, sondern erst auf die übernächste Generation vererbe. Die 14 Generationen von Abraham bis David seien mit der Entwicklung des ersten Jahrsiebts zu vergleichen, wo *alle Dinge getan* [werden], *die imstande sind, die Bluteigentümlichkeiten zu befestigen.*[9] Wie das Kind mit sieben Jahren aus seinem Träumen erwacht, so entwickelt Abraham als Erfinder der Arithmetik Fähigkeiten, die das dämmerhafte Hellsehen ablösen. Dabei hebt Rudolf Steiner eine Eigenheit der jüdischen Entwicklung hervor: Während bei Zarathustra noch durch wörtliche Lehre ohne ein physisches Instrument Einfluss genommen werden konnte auf die nächste Generation, benötigte der abrahamitische Einfluss zusätzlich *diese vollkommene Organisation des physischen Gehirns*, um seine Errungenschaften weitervererben zu können. Ließen sich vorher die Menschen durch Inspiration von außen lenken, so war das Gehirn der Abraham-Nachkommen empfänglich genug, um aus selbständigem Nachdenken *die Welt nach Maß und Zahl* zu beurteilen und durch Kombinieren die Ordnung der Welt zu begreifen.[10]

8 *Jesus wäre am Ende der elften Weltperiode geboren und wäre der Anfänger der zwölften und letzten Periode, der eschatologischen Zeit ... 3 x 7 Namen führen von Jesus bis zu Serubbabel, 3 x 7 von Salathiel bis zu David, 2 x 7 von David bis zu Isaak und 3 x 7 von Abraham bis zu Adam. Zwischen Serubabel und Salathiel liegt das Exil. Durch diese Reihe ist Jesus Christus ... eingefügt in die Geschichte des Heiles ...* W. GRUNDMANN, Das Evangelium nach Lukas, Leipzig [5]1969 S. 111 f.

9 R. STEINER am 9. November 1909 in GA 117.

10 R. STEINER am 7. Dezember 1909 in GA 117.

Nach Rudolf Steiner entspricht die zweite Vorfahrengruppe dem zweiten Jahrsiebt: Wie sich vom Zahnwechsel an der ätherische Leib des Kindes entwickelt und mit der Geschlechtsreife abschließt, so folgt in der Volksgeschichte auf die erste Epoche äußerer Einflüsse (während der Wüstenwanderung) eine Epoche der *inneren Verfestigung*[11] in der wechselvollen Zeit der Richter und Könige. Der Vergleich öffnet den Blick dafür, dass zwar die Könige David und Salomo dem Volk einen Lebensraum und eine geeignete Stätte für den Tempeldienst schaffen konnten, den der Prophet Nathan mit liturgischen Anweisungen für die levitischen Musiker unterstützte (II. Chro 29,25); andrerseits aber mussten den Königen durch dieselben Propheten deutliche Schranken gewiesen werden, etwa in Nathans Strafrede an David. Spätere Könige forderten stärkere Zurechtweisungen heraus, sofern die Propheten nicht (wie Jesaja oder Sacharja) von den Machthabern rigoros kaltgestellt wurden; keiner von ihnen konnte jedoch die nationale Katastrophe im 6. Jahrhundert aufhalten. Erst in der Folgezeit sollte sich als notwendiger Entwicklungsschritt erweisen, was zunächst so katastrophal erschien: die Wegführung nach Babylon. In Babylon konnten die Juden Elemente aus der chaldäischen und persischen Kultur aufnehmen.

Die Juden übernahmen mit einer verfeinerten geistigen Wahrnehmung z.B. auch die Fähigkeit, einzelne Engel namentlich zu unterscheiden. Während in den mosaischen und abrahamitischen Schriften immer nur vom *»Engel des Herrn«* die Rede ist, verwendet Daniel als einer der jüngsten Exilpropheten die Namen *Michael* und *Gabriel*, das Buch Tobit kennt den Begleiter des jungen Tobias unter seinem Namen *Raphael*; der Name *Uriel* und manch anderer Engelname taucht in apokryphen Texten auf. Noch Jahrhunderte lang wussten kundige Juden, die Namen der Engel seien »aus dem Osten gekommen«. Was die führenden Juden in Babylon an Erweiterung ihres Weltbildes erfuhren, teilten sie dem Volk mit. Es begann die kostbare Reifezeit des Volks des Spätjudentums, das mit einem michaelischen Zeitalter einsetzte; denn es war kein anderer als der Erzengel Michael, der seit jenem 6. Jahrhundert die jüdischen Propheten und zugleich die griechischen Philosophen inspirierte.

Nach Rudolf Steiner spiegelt sich in der dritten Generationengruppe die Entwicklung des Seelenleibes vom 14. Lebensjahr an, *wo*

11 R. Steiner am 9. November 1909 in GA 117.

dasjenige aufsprießt, was dann im Leben ausgeführt werden kann.[12] Die »Söhne Israels«, wie die Juden im Alten Testament heißen, wurden in Babylon weltläufig und konnten mit ihrem besonderen Gespür für moralische Verantwortung auf die Kulturentwicklung der zivilisierten Menschheit einwirken, wie sich dies deutlich in der damals entstehenden Denkrichtung der Stoa widerspiegelt. Im Judentum entwickelt sich eine bewundernswert scharfe und rasche Fähigkeit des Kombinierens. Mutet das siebzig Jahre dauernde Exil in Babylon auf den ersten Blick als nationale Katastrophe an, so erscheint es im Rückblick als eine fruchtbare Lehrzeit: die Juden erfuhren in der Fremde eine Renaissance ihrer religiösen Bestimmung. Wie nach der Jugendzeit das Ich im Menschen erwacht, so nahte am Ende der spätjüdischen Epoche die Zeit des von allen Kulturvölkern ersehnten Messias, für dessen Kommen die Juden feineres Gespür hatten als andere Religionen.

Die dritte Geschlechtergruppe bei Matthäus umfasst nur dreizehn Namen. Darum haben einige Theologen einen zusätzlichen Namen aus Textvarianten späterer Abschriften herausfiltriert. Das ist unnötig, denn bei genauerem Hinsehen zeigt sich, dass Matthäus zuverlässig 14 Generationen erwähnt, indem er als 13. Namen *Jesus*, als 14. aber *Christus* bringt, also beide Namen voneinander absetzt.

Emil Bock bekräftigt als Theologe die Warnung Rudolf Steiners, in gleichen Namen (Joseph, Jesus bzw. Josua), die sowohl hier wie da auftauchen, gleiche Personen zu sehen; beide Evangelisten können durchaus mit gleichen Namen verschiedene Personen meinen.[13] Während für uns die meisten Namen der Vorfahren Jesu nicht viel besagen, klang jüdischen Ohren das Volksschicksal mit: von David bis zur babylonischen Gefangenschaft reichte die Folge der echten Könige, und hinter den letzten vierzehn Namen verbergen sich die heimlichen Könige des Volkes, das jahrhundertelang seiner Könige und seiner politischen Selbständigkeit beraubt war. In der lukanischen Tafel hingegen mit unbekannten Namen, lauter »Stillen im Lande«, kündigt sich bereits die friedvolle Stimmung der lukanischen Kindheitsgeschichte an.

12 R. Steiner am 7. Dezember 1909 in GA 117.

13 E. Bock 1994, S. 41 f., auf Grund der Lukas-Vorträge R. Steiners, Basel 1909 (GA 114). Die abweichende Schreibweise rührt oft daher, dass in semitischen Sprachen manche Silben verschieden vokalisiert werden können.

Die Ahnenreihe nach Matthäus:	**Die Ahnenreihe (von Abraham an) nach Lukas:**
Abraham	Abraham
Isaak	Isaak
Jakob	Jakob
Juda und seine Brüder	Juda
Phares (Perez)	Perez
Hesrom	Hesrom
Aram	Arni (Lukas fügt hier aus der griechischen Bibel Admin ein)
Aminadab	Aminadab
Naasson	Naasson
Salmon	Sala
Boas aus der Rahab	Boas
Jobed aus der Ruth	Jobed
Jesse	Jesse
David, den König	David
Salomo (aus der Frau des Uria)	**Nathan**
Rehabeam	Mattatha
Abia	Menna
Asaph	Melea
Josaphat	Eljakim
Joram	Jonam
Usija	Joseph
Joatham	Juda
Ahas	Symeon
Hiskia	Levi
Manasse	Matthat
Amōs	Jorim
Josia	Elieser
Jechonja und dessen Brüder (Babylonisches Exil)	Jesus (=Josua)

Fortsetzung:

Die Ahnenreihe nach Matthäus:	**Die Ahnenreihe (von Abraham an) nach Lukas:**
	Er
	Elmadam
	Kosam
	Addi
	Melchi
	Neri
Sealthiel	Sealthiel
Serubabel	Serubabel
Abiud	Resa
Eljakim	Joannan
Asor	Joda
Sadok	Josech
Achim	Semein
Elihud	Mattathias
Eleasar	Maath
Matthan	Naggai
Jakob	Hesli
Joseph, der Mann der Maria	Nahum
Jesus	Amos
Christus	Mattathias
	Joseph
	Jannai
	Melchi
	Levi
	Matthat
	Eli
	Joseph
	Jesus
3 x 14 = 42 Generationen	57 Vorväter (zu denen bei Lukas noch die 20 Patriarchen von Adam bis Abraham hinzukommen)

Zweierlei Kindheit

Ebenso wie die Stammtafeln weisen die Kindheitsberichte des Matthäus und des Lukas beträchtliche Unterschiede auf. Bei Lukas ereignet sich die Verkündigung im galiläischen Nazareth, und es ist *Maria*, die von dem *»Engel Gabriel«* die Ankündigung ihrer Mutterschaft erhält; sie soll ihrem Kind *den Namen Jesus* geben. Bei Matthäus hingegen wird dem *Vater* von einem *»Engel des Herrn«* die Geburt eines Knaben angesagt, auch er soll ihn Jesus nennen. Den Namen *Jesus* erklärt der Engel von der hebräischen Bedeutung her: *denn er wird die Welt von ihren Sünden heilen.*[14] Danach fügt der Evangelist eine zweite Deutung an, die sich auf den Namen *Immanuel* = *»Gott bei uns«* bezieht (Mt 1,23 nach Jes 7,14) – ein anspruchsvoller Name mit messianischem Charakter. Da kein anderer Ort erwähnt ist, dürfte die Ankündigung ebenso wie die Geburt in Bethlehem erfolgt sein. Nach der Ankündigung durch den Engel wird nur knapp die Namengebung Jesu (Mt 1,25) berichtet – ein indirekter Hinweis, dass die laut Gesetz am achten Tag erfolgte Beschneidung, die stets mit der Namengebung verbunden war, noch am Geburtsort stattgefunden hat.

Infolge der römischen Volkszählung muss der lukanische Joseph mit Maria den weiten Weg nach Bethlehem unternehmen. Apokryphe Evangelien berichten eine bei aller Kürze merkwürdige Vision Marias: *Als nun Joseph und Maria auf dem Wege waren, der nach Bethlehem führt, sprach Maria zu Joseph: Ich sehe zwei Völker vor mir, das eine in Tränen, das andere in Freuden. Joseph antwortete ihr: Sitze still, halte dich an deinem Esel fest und sprich nicht Worte, die deine Seele zerfließen machen … Ein wunderbar schöner Knabe erscheint*; er erklärt Joseph, in dem weinenden Volk seien die Juden zu sehen, die *der göttlichen Welt fernegerückt* sind, in dem fröhlichen Volk die Heiden, die sich über ihre neue Nähe zu dem *Weltenherrn* freuen.[15]

14 Die frühe syrische Lesart »Welt« statt »Volk« ist glaubwürdig; Jesus = Jošua bedeutet *Retter;* nach R. Steiner *geistiger Heiler* (am 10.9.1910 in GA 123).

15 Pseudo-Matthäusevangelium K. 13 und 14 nach E. Bock 1994 S. 251/3; ders., Arabisches Kindheitsevangelium Kap.4 1994 S. 286.

Dieselbe apokryphe Schrift ergänzt den Bericht des Lukas dadurch, dass Maria das Kind in einer »*Höhle*« zur Welt bringt, während die Hirten auf die Botschaft des Engels hin noch in der Nacht zum Ort der Geburt eilen, einer unbekannten Höhle. Drei Tage später kommt die Familie im *Stall* unter (Kap. 14); allgemein dienten Höhlen als Ställe. Daher ist die Krippe ursprünglich ein Felstrog, der in eine Nische der Grotte gehauen war.[16] Grotte und Stall sind bewahrt in der Krypta unter dem Altar der berühmten Geburtskirche aus dem 4. Jahrhundert.

Weitere Episoden sind aus der Weihnachtsgeschichte bekannt: der Engelgesang über dem Feld, der Gang der Hirten zu dem Kind in der Krippe. Darüber hinaus ist bei Lukas keine Spur von einem Stern oder einem Zug von Weisen aus dem Osten und ihrer Anbetung zu finden. Matthäus hinwiederum kennt weder eine Volkszählung noch einen Erlass des Cäsars und darum auch keinen langen Eselsritt nach Bethlehem noch einen Stall oder die Krippe mit den Hirten. Im Unterschied zu Lukas verwendet Matthäus kein Wort darauf, um das wievielte Kind es sich handelt, während Lukas deutlich erkennen lässt, dass Maria den Jesusknaben als ihren *Erstgeborenen* zur Welt brachte: *Es geschah aber, als sie dort waren, dass für Maria die Stunde ihrer Niederkunft kam, und sie gebar ihren Sohn, den Erstgeborenen, wickelte ihn in Windeln und legte ihn in eine Krippe.*

Bei Matthäus ereignet sich die Geburt nicht in der Höhle, sondern in einem *Haus*, das die Magier aufsuchen: *als sie <u>in das Haus</u> kamen, sahen sie das Kind mit seiner Mutter* (Mt 2,11). Mit diesem Haus ist vermutlich der alte Stammsitz der Davidfamilie gemeint, die seit der Zeit des Boas in Bethlehem ansässig war, des Urgoßvaters von David (sein Vater Isaï = Jesse kommt in beiden Stammbäumen vor).[17] Das apokryphe Pseudo-Matthäusevangelium fügt hinzu, ein ungeheuer heller Stern habe den ganzen Tag über dem Ort der Geburt geleuchtet[18] – also war schon am Tag der Geburt der Stern zu sehen. Von einer Darstellung des Jesusknaben im Tempel schweigt Matthäus. Er braucht sie

16 Michael Hesemann im Interview, Vatican-Magazin 12, Kisslegg 2009.

17 In Bethlehem gibt es keine Tradition für das Haus; es dürfte bei den drei Zisternen gestanden haben, die als »David Wells« auf einer Anhöhe im Nordosten des Ortes an der Manger-Street liegen, etwa einen Kilometer von der Geburtsgrotte entfernt.

18 Pseudo-Matthäusevangelium Kap. 14, Apokryphe Kindheitsevangelien 1995 S. 226 f.

nicht zu erwähnen, weil nach jüdischem Gesetz nur der erstgeborene Knabe durch ein Opfer im Tempel ausgelöst werden musste, dieser Knabe jedoch ältere Geschwister besaß. Wie das im Anhang zitierte »Protevangelium des Jakobus« berichtet, besaß der bethlehemitische Vater Joseph mehrere Kinder aus seiner ersten Ehe, bevor man dem alten Witwer die am Tempel erzogene Jungfrau Maria in Obhut gab. Matthäus dürfte diesen Sachverhalt gekannt haben und traute dieses Wissen auch seinen Lesern zu.

Während Matthäus die mit der Namengebung verbundene Beschneidung still voraussetzt, erwähnt Lukas die Beschneidung eigens, desgleichen die Darstellung im Tempel: Als die Eltern ihr Kind laut jüdischem Gesetz (Lev 12,2–4) *40 Tage nach seiner Geburt* auslösen – so lang dauerte die Reinigungsfrist für die Mutter, erst danach durfte sie wieder die Synagoge und den Tempel betreten –, bringen sie ihr bescheidenes Opfer dar: ein Paar Tauben, wie es ärmeren Eltern erlaubt war als Gabe für das *erstgeborene* Kind. Die Umstände der bei Matthäus berichteten Geburt deuten eher auf fürstlich-wohlhabende Verhältnisse.

Als die Magier sich am jüdischen Regierungssitz in Jerusalem nach dem neugeborenen König erkundigen, erregt ihre Frage den Argwohn des Herodes. Und als sie gegen seinen Willen nicht nach Jerusalem zurückkehren, um dem König Genaueres über das Kind zu berichten, lässt er alle kleinen Kinder in Bethlehem erschlagen in der Hoffnung, dadurch den unerwarteten Nebenbuhler loszuwerden. Rechtzeitig wird der Vater Joseph von dem Engel gewarnt; sogar ein Fluchtziel wird ihm genannt: er soll sich mit der Familie nach Ägypten begeben.

Von dramatischen Ereignissen ist bei Lukas nichts zu spüren, hier begegnen wir einer friedfertigen Welt. Auf die Verkündigung des Engels hin eilen die Hirten merkwürdigerweise nicht zu dem Haus der Davidfamilie, das zweifellos jeder Bewohner im Ort gut kannte, sondern zu einer unbekannten Höhle. Statt im Dunkel der Nacht zu fliehen, bringen seine Eltern das sechs Wochen alte Kind zum Tempel in Jerusalem, wo es reichen Segen von dem greisen Symeon und der Witwe Hanna empfängt. Danach kehren sie unbehelligt sogleich wieder nach Nazareth zurück – ein Detail, das von den Kritikern geflissentlich übergangen wird. Einige namhafte Forscher behaupten, die Familie habe sofort nach der Darstellung des Kindes im Jerusalemer Tempel die

Flucht nach Ägypten angetreten – doch Lukas erwähnt nicht das Geringste von einer Flucht oder einem Aufenthalt in Ägypten.[19]

Was wir auch an Episoden oder Wendungen in den Stammbäumen und Kindheitsgeschichten betrachten: überall stoßen wir auf gravierende Unterschiede, die meist als widersprüchliche Angaben den Evangelisten angelastet werden. Doch hinter scheinbaren Widersprüchen verstecken sich in den Evangelien sehr oft Rätsel, die im Grunde lösbar sind, sobald man ihnen genauer nachgeht, so auch hier.[20] Liest man genau, so unterscheiden sich die Berichte der beiden Evangelisten wie Tag und Nacht: Hier das erhebende Segenswort der beiden Alten im Tempel und friedliche Rückkehr in die Heimat – dort Gefährdung, plötzlicher Aufbruch von Bethlehem und Flucht aus der vertrauten Heimat ins fremde Ausland. Auch die Orte widersprechen sich: hier Jerusalem und Rückreise nach Nazareth – dort einige Jahre währender Aufenthalt in Ägypten und erst später die Rückkehr nach Israel. Es ist schlicht unmöglich, solche Gegensätze zusammen zu bringen. Berücksichtigt man die gegensätzliche Stimmung der beiden Kindheitsberichte – hier die ernste Hinwendung zu dem, was allmählich aus langer Vergangenheit heranreifte – dort unbeschwerter Jubel über das Aufkeimen eines neuen Werdens – und erkennt man die Unterschiede als Folge ganz verschiedener Entwicklungsbedingungen an, dann können die beiden Kindheitsgeschichten mit ihren Stammbäumen als selbständige Berichte vom Heranwachsen zweier Menschenkinder ohne Abstriche nebeneinander bestehen bleiben.

Anders als alle Wissenschaft hat sich die darstellende Kunst durch lange Jahrhunderte noch bis in die Zeit der Gotik und Renaissance ein Wissen von dem hier waltenden Geheimnis bewahrt. Späterhin gewöhnte sich das christliche Abendland an die gleichzeitige Anwesenheit von Hirten und Königen – eine Kombination, die man früher für unsinnig gehalten hätte. Alte Weihnachtsspiele wissen sehr wohl zu differenzieren: im Oberuferer Christgeburtspiel treten nur Hirten und

19 K. Bornhäuser meint, kurz nach der Geburt sei die Familie gemäß Luk 2,39 zwar nach Nazareth zurückgewandert, dann wieder nach Bethlehem gezogen und nach dem Besuch der Weisen nach Ägypten geflohen, um schließlich für immer nach Nazareth überzusiedeln: K. Bornhäuser Die Geburts- und Kindheitsgeschichte Jesu … 1930, zit. nach Lauenstein 1971 S. 86.

20 vgl. Ch. Rau 2008 S. 9.

im Dreikönigsspiel nur Könige auf, selbst die Maria trägt ein anderes Gewand. Erst in neuerer Zeit lassen Maler und Dichter aus Unkenntnis Hirten und Könige gemeinsam an der Krippe verweilen (z.B. im Weihnachtslied von Peter Cornelius). Es ist höchste Zeit, das alte Vorurteil zu überwinden und an Weihnachten keine Krippe aufzustellen, an der Hirten und Könige zusammen auftreten.

Ältere Darstellungen unterscheiden deutlich zwischen einer königlichen und der anderen Maria. Ein signifikantes Beispiel hierfür gibt die Mauritius-Rotunde im Konstanzer Münster,[21] wo auf engstem Raum beide Marien nahe beieinander in verschiedener Gestalt zu sehen sind. Alle Figuren an den zwölf Pfeilern des Tempelchens beziehen sich auf das Ereignis der zwei Jesus-Geburten. Auf der einen Seite treten Maria und der Verkündigungsengel auf, weiter vorn die Begegnung von Maria und Elisabeth; an der nächsten Ecke sitzt still in sich versunken dieselbe liebliche Maria, in einen Umhang geborgen, ihren Kopf sinnend in die Hand gestützt. Als hätte sie nichts damit zu tun, liegt oberhalb von ihr auf einem Strohbündel das Wickelkind, Ochs und Esel blicken darüber hin. An einem anderen Pfeiler lehnt der schlafende Joseph, am nächsten schaut ein Hirt zum Himmel auf. Die Reihe dieser »lukanischen« Gestalten endet mit einem Pfeiler, an dem sich Schafe und Pflanzen übereinander türmen, als sei hier eine Grenze. An der anderen Seite kommen hintereinander ein alter, ein mittlerer und ein junger König daher, angeführt von einer gekrönten Maria in königlichem Gewand, die ihren deutlich älteren und größeren Jesusknaben wie eine Opfergabe auf den Armen herbeiträgt. Ihr lächelnder Mund und ihre hoheitsvolle Haltung strahlen königliche Würde aus. Auch Madonnen Raphaels mit zwei oder drei Knaben werfen Fragen auf. Worauf wollten die Bilder mit mehreren Kindern oder Müttern hinweisen? [22]

21 Ausführlich beschrieben in CH. RAU, Die Mauritiusrotunde in Konstanz, in: Die Christengemeinschaft, Stuttgart, Mai 2003.

22 Vgl. Umschlagbild sowie viele Beispiele bei H. KRAUSE-ZIMMER 1969 ff.

Bestürzende Enthüllungen

Obwohl im Lauf der Zeit schon viele Theologen die Unterschiede der beiden Kindheiten bemerkt und zu lösen versucht hatten, war bis zum Anfang des 20. Jahrhunderts keinem Vorschlag wirkliche Glaubwürdigkeit abzugewinnen. Da trat im September 1909 Rudolf Steiner auf mit der völlig überraschenden Botschaft, es hätte zur Zeitenwende nicht nur eine, sondern zwei Jesus-Familien gegeben. Als dieses Geheimnis zum ersten Male vor der Öffentlichkeit verkündet wurde, bedeutete dies für viele Hörer einen radikalen Bruch mit der vertrauten Tradition von dem einen Jesus. Nur wenige verstanden es als Durchbruch zu tieferer Wahrheit.

Als brauche er die Einzelheiten nur aus einer Chronik abzulesen, so erzählt Steiner im 5. seiner Vorträge über das Lukasevangelium, wie zu Beginn unserer Zeitrechnung zwei Knaben im Abstand von wenigen Monaten am selben Ort in zwei Familien geboren werden, die beide den Namen Jesus erhalten. Die Namen *Jesus, Joseph* und *Maria* seien damals häufig gewesen; Angehörige verschiedener Familien konnten durchaus dieselben Namen tragen. In den ersten vier Vorträgen fasst er zunächst die früheren Buddha- und Zarathustra-Darstellungen in verkürzter Art zusammen, um nach solcher Vorbereitung im 5. Vortrag das neue Generalthema unverhüllt zu nennen, zugleich mit weiteren erschütternden Tatsachen, vor allem über Johannes den Täufer. Der Vortrag vom 19. September 1909 ist randvoll mit neuen und größtenteils einmaligen Angaben über die beiden Hauptströmungen der Menschheit und ihren Zusammenfluss an der Zeitenwende. Vorsichtig kündigt Steiner besondere Enthüllungen an, die den Hörern jetzt bevorstehen: *Wo Geistesströmungen zusammenfließen und sich gegenseitig befruchten, da muss auch in denen, welche die Träger dieser Weltanschauungen sind, etwas ganz Besonderes vorgehen,* muss *eine große Komplikation der Tatsachen vorliegen ...*[23] Steiner schildert als die Repräsentanten der beiden

23 Dieses und die folgenden Zitate sämtlich aus R. Steiner am 19. September 1909 in GA 114.

Geistesströmungen Zarathustra und Buddha. Das Wesen Buddhas teilt sich jenem Knaben mit, der den von Nathan abstammenden Eltern geboren wird, und Zarathustra strömt in den Knaben der salomonischen Familie ein. *Die Zeitpunkte der Geburten dieser beiden Knaben fallen nicht genau zusammen.* Was Steiner über den zeitlichen Abstand der beiden Geburten ausführt, darauf werden wir erst später eingehen. Dann fügt er eine Warnung ein: Weil das Christentum unter der Leitung des lebendigen Christus stehe, darum *werden heute einige Tatsachen erwähnt werden, die sich in ihren Folgen in den Evangelien finden, die aber so nicht selbst darinnen stehen;* sie lassen sich aber *an den äußeren Tatsachen prüfen, und Sie werden sie dann bewahrheitet finden.*

Zarathustra, der früher verkündet hatte, in der Sonne wohne jene geistige Sonne, die sich in Christus allmählich der Erde nähere, ist nun in dem Knaben aus der salomonischen Linie verkörpert, überströmend von sonnenhafter Weisheit. In dem anderen Jesusknaben lebt die moralische Kraft, die einst bei der Erleuchtung Buddhas *wie eine Stromwelle über die ganze Menschheit hingegangen war,* so dass sie sich *aufschwingen konnte zur Tiefe des achtgliedrigen Pfades,* der in Wahrheit als innermenschliche Denksubstanz allgemeine Moralgesetze darstellt. In der Wärme der lukanischen Berichte zeige sich die Innerlichkeit des Buddhismus in verjüngter Art.

Dann spricht Steiner über den Unterschied der beiden Verkündigungen im Hinblick auf den menschenkundlichen Unterschied zwischen Mann und Frau. Da der Mensch von seinem Vater die äußere Statur und »des Lebens ernstes Führen« erbt (Goethe), wird *dem Vater Joseph* die Geburt des salomonischen Jesus angekündigt. Da man von der Mutter dasjenige erbt, was die Innerlichkeit ausmacht, ist es bei Lukas *die Mutter Maria,* die von dem Engel erfährt, sie werde einen Sohn zur Welt bringen. Dieser Jesus werde eine innerliche Regsamkeit entwickeln, *eine Tiefe der Innerlichkeit, die sich mit nichts an Innerlichkeit in der Welt vergleichen lässt.*

Besonders bewegend ist schließlich, was Steiner über die Individualität des lukanischen Jesus zu berichten weiß, der als himmlischer Adam an einem besonderen »Ort« aufbewahrt worden sei; einzig in diesem Vortrag bezeichnet Steiner diesen Ort als die *Mutterloge der Menschheit.* Auch der Knabe Johannes, der durch seine Mutter Elisabeth mit der nathanischen Jesusfamilie verwandt war und später als Täufer und Vorläufer Christi auftrat, wurde in dieser selben Mutterloge behütet wie der lukanische Jesus. Dabei enthüllt Steiner das tiefe Geheimnis hinter Johannes: in ihm sei der Adam des Sündenfalls wiederverkörpert. Es war das erste Mal, dass Steiner die früheste Inkarnation dessen erwähnte, der später als Prophet Elia bei den Juden auftrat.

Jeder der Knaben hat also eine lange Entwicklung hinter sich vor seiner Geburt. Die beiden Jesusknaben kommen sich in ihrer Kindheit nahe, bis sie sich im Alter von etwa zwölf Jahren vereinigen, als das Ich des älteren Knaben in die Leibeshüllen des anderen übergeht. Zuletzt fügt Steiner eine einzigartige Mitteilung über die Taufe Jesu an, die eine Wesensverwandlung in der Mutter des salomonischen Knaben bewirkt habe: *»Da senkte sich … das Unsterbliche der ursprünglichen Mutter des nathanischen Jesus herab und verwandelte diejenige Mutter, die in dem Hause des nathanischen Joseph aufgenommen war, und machte sie wieder jungfräulich.«*

Es war ein ganzer Strauß von neuen bestürzenden Mitteilungen, mit denen Steiner seine Hörer konfrontierte.

Die erste Mitteilung dieser Fülle von neu offenbarten Erkenntnissen an jenem 19. September 1909 rief *zumindest bei einem Teil der Zuhörer »eine ungeheure Aufregung hervor, von der man sich heute kaum einen Begriff machen kann«.*[24] An manches Einzelne waren sie durch frühere Ausführungen Steiners gewöhnt, aber die massive Ballung so gewichtiger Ereignisse zu einem großen organisch abgestimmten Weltbild musste in den Zuhörern ein gewaltiges Erschrecken auslösen.

Mit allen einzelnen Themen – den zwei Familien, den Hauptströmungen des Zarathustrismus und des Buddhismus, die in den beiden Jesusknaben vertreten waren und sich schließlich vereinigten, dem zeitlichen Abstand der beiden Geburten, der Rolle des Johannes und seiner Eltern Elisabeth und Zacharias und seinen verschiedenen Inkarnationen – werden wir uns in eigenen Kapiteln näher vertraut zu machen suchen.

Noch im selben Jahr 1909 äußerte Steiner sich über die Umstände, die ihn zu der verblüffenden Einsicht geführt hatten. Begonnen hatte es damit, dass er in den Geburtserzählungen der Evangelien Unterschiede entdeckte, *die man in der Wissenschaft durchaus nicht beachtet hat.*

24 R. Treichler, Wege und Umwege zu Rudolf Steiner, S. 37, zit. nach Ch. Lindenberg, Chronik 1988 S. 284.

Aus der Akasha-Chronik heraus freilich kann man den richtigen Aufschluss erhalten, warum die beiden Stammbäume verschieden sind und sein müssen.[25] Und wie ließe sich jemals ohne das Wissen von zwei Jesusknaben eine Flucht nach Ägypten, die Matthäus erwähnt, mit der bei Lukas geschilderten Reise nach Nazareth vereinbaren?[26]

Eine wesentliche Erinnerung verdanken wir Friedrich Rittelmeyer. Als er vor einem Vortrag im Jahr 1913 Rudolf Steiner fragte, ob er tatsächlich etwas über die Jugendgeschichte Jesu vortragen würde, entgegnete dieser: *Es ist der Wille der geistigen Welt, dass die Menschheit jetzt mehr darüber erfährt. Es wird sich schon herausstellen, wozu das gut ist.*[27] Obwohl die Frage auf Jesu Jugend zielte, betrifft sie genauso seine Kindheit. Die Antwort zeigt, dass die Idee von zwei Jesusknaben keine persönliche Meinung, sondern ein echtes Geistgeschenk ist.

25 R. Steiner am 11.10.1909 in GA 117.

26 R. Steiner, Vortrag vom 15. September 1909 in GA 114, Dornach [5]1955 S. 36.

27 F. Rittelmeyer (1872–1938), Meine Lebensbegegnung mit Rudolf Steiner, [9]1980 S. 58.

Die neue Erkenntnis wird kosmisch verankert und schriftlich befestigt

Was er 1909 in Basel auszuführen begonnen hatte, das ergänzte Steiner genau ein Jahr später – wiederum im September, aber nicht in Basel, sondern in Bern – in Vorträgen über das Matthäus-Evangelium, als er die ideelle Vorbereitung der Inkarnation Jesu in der Mission Zarathustras als des Begründers der persischen Kultur beschrieb. Dabei schildert er, wie der persische Dualismus der Großmächte des Lichtes und der Finsternis in der Auseinandersetzung zwischen den Stämmen der Turanier, die aus dem nördlichen Asien vordringen, und den südlich wohnenden Iranern seine historische Parallele hat. Der gleiche Dualismus finde sich in der Weisheit der Essäer, denn in seiner Inkarnation als Zaratas (oder Nazaratos) habe Zarathustra in Babylon die führenden Juden darüber belehrt. Zu seinen Schülern in Babylon hätten auch jene sternkundigen Weisen gehört, die 500 Jahre später den Weg nach Bethlehem fanden; darüber wird später noch genauer zu sprechen sein. Steiner beschreibt, dass die Mission des jüdischen Volkes innerlich eng verknüpft war mit der persischen Weltanschauung und wie in dem salomonischen Jesus des Matthäusevangeliums der edelste Extrakt der jüdischen und der persischen Kultur ineinander flossen.

Wären schon damals die essenischen Schriftrollen entdeckt gewesen, so hätte er sich zweifellos auf sie bezogen. Nun beleuchtet er in den Vorträgen von 1910 ohne diese authentischen Quellen viele unbekannte Seiten der Essäer, so ihre Schulung, die teilweise darin bestand, den messianischen Stammbaum im Gedächtnis zu beherrschen; *im Grunde aber war das, was in den Essäergemeinden gepflegt worden ist … die Fortsetzung einer Art Geheimschulung, die auch sonst seit uralten Zeiten innerhalb des Judentums bestanden hat.*[28] Sogar eine Vorform des Matthäusevangeliums sei bei ihnen entstanden. Im 8. Berner Vortrag führt Steiner aus, wie sich die drei Stufen der essenischen Einweihung später in der dreifachen Versuchung Jesu spiegelten.

28 R. Steiner am 6. September 1910 in GA 123.

Viele Einzelheiten vom Wirken Jeshu ben Pandiras breitet Steiner vor seinen Hörern aus, jenes spirituellen Lehrers der essäischen Bewegung,[29] über den im jüdischen Talmud allerlei erdichtete Bosheiten stehen. In seiner exponierten Lage als organisatorischer und geistiger Leiter der Bewegung stand er unter besonderer Beobachtung durch die herrschenden Hasmonäer. Steiner schildert den Prozess, den die Regenten gegen ihn anstrengten, und seinen gewaltsamen Tod. Doch besonders wichtig ist uns, wie die Essäer (= Essener) die Inkarnation des Messias vorbereiteten. Im 5. Matthäus-Vortrag spricht Steiner von *schweren inneren Exerzitien*, die Jeshu ben Pandira seinen Schülern auferlegte, indem er sie neben anderem darin unterwies, dass nicht nur das jüdische Volk, sondern auch der zum Nachfolger Buddhas bestimmte Bodhisattva, der einst Abraham inspirierte, 42 Generationen zu seiner Entwicklung benötige: *Soll Zarathustra … sich in einem Menschenleib inkarnieren, so ist das nur möglich, wenn dieser Menschenleib so zubereitet ist, dass das ihn erfüllende göttlich-geistige Wesen durch zweiundvierzig Generationen heruntergestiegen ist.* Denn durch 42 Generationen musste einer aufsteigen, um die Verunreinigungen der Vererbung aus seiner Seele herauszubringen. Wenn sich dreimal vierzehn Generationen vollenden, kann eine vorbereitete Seele beim Eintritt in die 43. Generation so reif sein, dass sie *schon am Beginne der Vergeistigung, der Vergottung steht.*[30] Das heißt: Als sich die 42 Generationen seit Abraham bei der bethlehemitischen Familie erfüllen, hätte das Ich Zarathustras bereits seine Vergottung erfahren können, da es länger als bis zur Geschlechtsreife nicht in dem bisherigen Leibe bleiben konnte. Ein Endpunkt war erreicht, an dem es sich entscheiden musste, entweder zu sterben – oder unmittelbar Gott zu werden. Doch es verzichtete auf die eigene Höherentwicklung und sparte seine Kräfte auf, um sie dem jüngeren Jesus zu überlassen. Die zwölf Jahre im Leib des salomonischen Knaben genügten ihm, um alle irdischen Erfahrungen aufzufrischen, so dass es in seinem 13. Lebensjahr dem nathanischen Jesus ein voll ausgebildetes Werkzeug zur Verfügung stellen konnte. Von der Essenerschulung stammt also die *Generationenlehre* am Anfang des Matthäusevangeliums.

29 In den erst nach Steiners Tod bekannt gewordenen Schriftrollen erscheint er statt mit seinem Namen stets als »*Lehrer der Gerechtigkeit*«.

30 R. Steiner am 5. September 1910 in GA 123.

Im selben Vortrag schildert Steiner das andere Zahlengeheimnis, die Bedeutung der 11 mal 7 Generationen bei Lukas: *Wenn der Mensch … die Elfmalsieben vollendet hat, ist er schon an die Grenze der Geheimnisse gelangt … aber bei dem, was das zwölfte Mal sieben ist, ist er schon im Geistigen darinnen … Wie man durch sechs mal sieben Stufen zu den Geheimnissen des menschlichen Inneren vordringt, so gelangt man durch zwölf mal sieben … Stufen hinauf zu den geistigen Geheimnissen des Weltenraumes. Wenn man solche zwölf mal sieben = vierundachtzig Stufen durchgemacht hat, kommt man an den Punkt, wo das Labyrinth dieser geistigen Weltenkräfte nicht mehr blendend ist, wo der Mensch wirklich die Ruhe gewonnen hat, sich auszukennen in dem gewaltigen Labyrinth … Das lehrten wieder in einem gewissen Sinne die Essäer.* In demselben fünften Matthäus-Vortrag erfahren die Teilnehmer, was die essenische Schulung für das Verständnis der Menschwerdung Christi bedeutete: *Der physische Leib und der Ätherleib wurden zubereitet bei der Persönlichkeit, von der das Matthäus-Evangelium zunächst erzählt; und astralischer Leib und Ich wurden zubereitet bei der Persönlichkeit, die wir vom Lukas-Evangelium her kennen als den nathanischen Jesus.*

Noch einmal ganz neu fasst Steiner seine Lehre im Juni 1911, als er sie in Kopenhagen vorträgt. Da hebt er hervor, wie die Seele des nathanischen Jesus nach der Geburt in ständiger Verbindung mit den Ursprungskräften der Menschheit geblieben sei und jene Bildsamkeit behalten habe, die der Mensch am Anfang seiner Entwicklung besaß. Während sonst die Gehirnbildung eines Menschen beim Sternenstand der Geburt stehen bleibt, passte sich die lebendige Gehirnstruktur bei Jesus das ganze Leben hindurch dem jeweiligen Stand der Gestirne an: *Bei dem Christus Jesus blieben nach der Johannes-Taufe die kosmisch-geistigen Kräfte allein wirksam, ohne alle Beeinflussung durch die Gesetze der Erdenentwicklung … Das konnte nur dadurch so sein, dass der ganze Leib des nathanischen Jesus beeinflussbar geblieben war gegenüber der Gesamtheit der unsere Erde lenkenden Kräfte der kosmisch-geistigen Hierarchien.*[31] Es hat also wenig Sinn, ein Horoskop Jesu zu erstellen; jeder Augenblick seines Lebens hätte ein eigenes Horoskop erfordert. Noch in den folgenden Jahren betonte Steiner die bleibende Verbundenheit Jesu mit den Kräften des Ursprungs, die ihren Ausdruck schon darin fand, dass das

31 R. Steiner in GA 15, Dornach 2001 S. 76; näher ausgeführt in Den Haag am 21. März 1913 in GA 145.

Kind bei der Geburt in Lauten sprechen konnte, *die nicht ähnlich waren einer der gesprochenen Sprachen der damaligen Zeit;*[32] nur seine Mutter konnte sie verstehen. Dementsprechend berichtet ein Kindheitsevangelium, dass die ersten Worte des Jesuskindes lauteten: *Ich bin Jesus, der göttliche Sohn, ich bin der Logos.*[33] Offenbart sich in der apokryphen Aussage die ganze große Weltbedeutung der künftigen Sendung Jesu, so spiegelt sich nur eine schwache Erinnerung daran im Koran (vgl. Anhang 4).

Offenbar hatte Steiner den Eindruck, mit dem Aspekt der Bildsamkeit, gewissermaßen ihrer kosmischen Verankerung, sei die neue Lehre in sich abgerundet und so schlüssig, dass er in den folgenden Jahren nur einige geringfügige Einzelheiten nachzutragen brauchte. Darum erstellte er selber von den drei Kopenhagener Vorträgen aus dem Juni 1911 noch in den folgenden Sommerwochen eine schriftliche Fassung, hielt sich dabei aber weitgehend an die stenographische Nachschrift, während er sonst dem Grundsatz huldigte, zum Lesen bestimmte Ausführungen müssten *eine ganz andre* Form haben als die mündliche Rede. Warum er jetzt von diesem Grundsatz abwich, das deutet er im Vorwort an: *Wenn ich diesmal in engerer Anlehnung an das mündliche Wort diese Ausführungen gebe, so geschieht es, weil ich Gründe habe, diese Schrift gerade in diesem Zeitpunkt erscheinen zu lassen.*[34] Was drängte ihn dazu, die neue Lehre so rasch wie möglich zu veröffentlichen?

Die eigentlichen Gründe lagen in Vorgängen innerhalb der Theosophischen Gesellschaft. Von den führenden Theosophen wurde 1909 der Hinduknabe Jiddu Krishnamurti als künftiger Weltlehrer, im Lauf des Jahres 1910 sogar als kommender Christus propagiert. Zeitgleich mit der »Einweihung« Krishnamurtis, die vom 10. bis 12. Januar im indischen Madras stattfindet, beginnt Steiner an vielen Orten über das Wiedererscheinen Christi im Ätherischen zu sprechen (erstmals in Stockholm am 12. Januar 1910). In den Berner Matthäus-Vorträgen warnt er eindringlich davor, ein physisches Wiedererscheinen Christi zu erwarten; Christus, nur das eine Mal im Leibe erschienen, werde in unserer Zeit *im ätherischen Gewand erscheinen.*[35]

32 R. Steiner am 21. Dezember 1913 in GA 150.

33 Arabisches Kindheitsevangelium K. 2 nach E. Bock 1994 S. 132; s. auch R. Steiner am 6. September 1910 in GA 123.

34 Im Vorwort zu GA 15, dem das Datum: *München, 20. August 1911* beigegeben ist.

35 R. Steiner, 10. Vortrag vom 10. September 1910 in GA 123.

Als 1911 in Indien eigens für Krishnamurti der Orden vom Stern des Ostens gegründet wird, zeichnet sich ab, dass Rudolf Steiner diese Entwicklung nicht länger mittragen kann.[36] Für den September 1911 wird ein internationaler Kongress angekündigt, der in Genua Gelegenheit zu einer klärenden Auseinandersetzung geben soll. Offensichtlich drängten diese Ereignisse Rudolf Steiner dazu, dass er seine Schrift über die beiden Jesusknaben noch vor dem geplanten Kongress den Händen der Mitglieder anvertrauen wollte. Knapp vor Beginn wurde der Kongress durch A. Besant abgesagt; so konnte Steiner, der bereits in Italien weilte, einige Vorträge in Norditalien halten.

In denselben Sommerwochen 1911, in denen Steiner seine Kopenhagener Vorträge zu einer Broschüre umarbeitete, stand die Arbeit am 2. Mysteriendrama »Die Prüfung der Seele« bevor, das dann am 17. August in München uraufgeführt wurde. Gleich am nächsten Tag begann der Vortragszyklus »Weltenwunder, Seelenprüfungen, Geistesoffenbarungen«, worin Steiner – im Anschluss an das ebenfalls aufgeführte »Heilige Drama von Eleusis« von Edouard Schuré – von Gestalten der griechischen Mythologie ausgehend anknüpfen konnte an die eleusinische Einweihung, um bis zu den Geistesoffenbarungen der Neuzeit vorzudringen. Vermutlich sollten die Teilnehmer dieses Sommerzyklus Gelegenheit erhalten, seine neue Schrift kennen zu lernen. Da im Sommer 1910 weit über 500 Menschen teilgenommen hatten, konnte man jetzt wenigstens ebenso viele erwarten.[37] Die schmale Broschüre mit dem Titel »Die geistige Führung des Menschen und der Menschheit« wurde am 26. August 1911 ausgeliefert, am vorletzten Tag des »Weltenwunder«-Zyklus – fast genau zwei Jahre, nachdem Steiner erstmals das Geheimnis der beiden Jesusknaben ausgesprochen hatte.

Leider ist auch in spätere Auflagen der Broschüre nicht der öffentliche Einführungsvortrag aufgenommen worden, den Steiner vor den drei Vorträgen hielt. Diese Einführung enthält Grundgedanken, welche die komplizierten Vorgänge um die Geburt der beiden Knaben stets

36 Krishnamurti trat zwanzig Jahre später aus der Theos. Gesellschaft aus und löste den für ihn gegründeten Orden auf. Als der Esoteriker Daskalos 1930 sein Nachfolger werden sollte, lehnte er ab, nach eigenem Bekunden auf Grund einer Warnung Rudolf Steiners.

37 Im Jahre 1912 betrug die Hörerschar über 1000 nach Ch. Lindenberg, Biographie Bd 1, 1997 S. 478.

begleiten sollten. Wie jedes mechanische System in der Welt nur *einen* Schwerpunkt haben kann, so gilt auch hier, *dass der Christus nur einmal vorübergehend drei Jahre in einem menschlichen Leibe verkörpert sein konnte.* Wissen müsse man, *wie kompliziert der physische Leib jenes Jesus von Nazareth sein musste, damit er die gewaltige Individualität, welche die Christus-Individualität ist, in sich aufnehmen konnte. Wir wissen, dass nicht ein Mensch, sondern dass zwei Menschen dazu geboren werden mussten … Auf diese Weise musste an der Persönlichkeit, die man als Jesus von Nazareth bezeichnet, zusammenwirken alles, was in der Menschheit vorher an Großem und Gewaltigen und andererseits an Demütigem erlebt worden ist, damit ein Leib fähig war, die Wesenheit aufzunehmen, die im wahren Sinne der Christus genannt werden darf.*[38] Diese Worte bezeichnen die Haltung, die dem Geheimnis der zwei Jesusknaben angemessen ist: die göttliche Größe des Christuswesens benötigte die beiden höchst entwickelten Menschen zur Bereitung seiner Hüllen.

Steiner verband mit der Veröffentlichung die Hoffnung, die Öffentlichkeit würde nun sein Forschen und Schaffen ernst nehmen. Doch als die Ansicht von zwei verschiedenen Jesus-Familien bekannt wurde, hagelte es empörte Kritik. Steiner berichtete, die Kritiker *seien* geradezu *wild geworden*[39] über einen Punkt: *Dieser Punkt war ein solcher, wo einmal aufmerksam gemacht werden sollte auf etwas, was wirklich nur aus der … Region des Geistes kommen kann … von den zwei Jesusknaben … Solche Wahrheiten … entsprechen niemals einer Sympathie oder Antipathie.* Zwar lassen sich Erkenntnisse aus dem Traumleben gewinnen, doch bei deren Entstehung *ist man sozusagen … unmittelbar dabei. In einem solchen Dabeisein lassen sich solche Wahrheiten nicht finden, wie diese von den zwei Jesusknaben. Wenn man in der höheren Region solche Wahrheiten bekommt … dann ist der Zeitpunkt, in dem man sie eigentlich erworben hat, längst vorbei, wenn man sie erkennt. Man hat sie früher schon erlebt … man hat sie schon in sich. So dass man zu den wichtigsten … Wahrheiten so kommt, dass man das deutliche Bewusstsein in sich trägt: als man sie erworben hat, war man in einem früheren Zeitpunkte als in dem jetzigen, wo man das, was man früher erworben hat, aus den Tiefen der Seele holt und sich bewusst macht. Solche Wahrheiten trifft man in sich an, wie man in der Außenwelt antrifft eine Blume … Man studiert sie in sich selbst, wie man äußere Tat-*

38 R. Steiner am 5. Juni 1911, jetzt in GA 127.
39 am 16. November 1913 in GA 148.

sachen studiert.[40] Das heißt: Rudolf Steiner trug das Wissen von den zwei Jesusknaben schon aus früheren Erdenleben in sich, musste es jetzt aber durch ein erhöhtes Bewusstsein neu aufrufen.

Wie sehr Steiner selbst von seinem Forschungsergebnis überrascht war, bezeugt ein Gespräch mit Christian Geyer, dem mit Friedrich Rittelmeyer befreundeten Nürnberger Pfarrer. Als er zu Rudolf Steiner sagte, er ahne wohl kaum, wie anstößig die Anschauung von zwei Jesusknaben einem Theologen wie ihm sein müsse, entgegnete ihm dieser: *Ja, meinen Sie, das gehe mir selbst nicht ebenso? Als ich zum erstenmal sah, dass das Gehirn eines jeden Menschen ein Abbild des Sternenhimmels ist, wie er am Tage der Geburt über ihm stand, sagte ich mir selbst, dass das ein astrologischer Aberglaube sei. Aber es ist eben so! Sollen wir verlangen, dass sich die Wirklichkeit nach unseren Wünschen richte, oder müssen wir nicht vielmehr uns mit unseren Gedanken nach der Wirklichkeit richten?*[41] Die Sache der zwei Jesusknaben ist eben keinesfalls eine subjektive Erfindung.

Derselbe Christian Geyer schreibt (ebenfalls 1921): *Die Annahme, dass zwei Jesusknaben, einer aus der Nathanischen Linie (Luk 3,31) und einer aus der Salomonischen Linie (Mat 1,6) nebeneinander gelebt haben, bis das Zarathustra-Ich des salomonischen auf den nathanischen Jesusknaben übergeht, um alsdann bei der Taufe dem Christuswesen Platz zu machen, ist eine seltsame und bei dem ersten Anblick befremdende Vorstellung, die mir erst erträglich wird, wenn sie aus der … Sprache der intellektuellen Konstatierung in die der Religion übertragen wird und dann ausdrückt, dass nur ein Menschenwesen der Träger des Christusgeistes sein konnte, das zugleich ganz Kind und vollendeter Weiser war.* [42] E. Bock zitiert diesen Satz als eine Verständnisbrücke für die Skeptiker. Wer die gewaltige Spannweite bedenkt, die sich im Christuswesen darlebte, wird kaum daran zweifeln, dass sein Erscheinen eine vielfältige Vorbereitung erforderte.

40 R. Steiner am 31. Mai 1913 in GA 146. – Der Verfasser dankt Anton Kimpfler für den Hinweis auf diese wichtige Stelle.

41 Ch. Geyer (1862–1929), Heiteres und Ernstes aus meinem Leben, München 1929 S. 247.

42 Ch. Geyer, Steiner und die Religion: Vom Lebenswerk Rudolf Steiners, hg. F. Rittelmeyer, München 1921 S. 99 f., E. Bock 1994 S. 84.

Widersprüche – Gründe und Gegengründe

Die Einsicht in das Vorhandensein zweier Jesus-Familien löst viele Widersprüche auf, die bislang die Forschung oft verwirrt haben. Ein solcher Widerspruch besteht neben den bisher erwähnten auch darin, dass der Vater des Joseph bei dem einen Evangelisten Jakob, bei dem anderen Heli (oder Eli) heißt. Auch ob Jesus als *Davidsohn* oder *Jesus Nazarenus* zu bezeichnen ist, lässt sich aus seiner zweifachen Herkunft begründen.[43] Alle erwähnten Unterschiede in den Evangelien lösen sich, wenn man von dem neuen Aspekt ausgeht. Allerdings treten andrerseits auch neue Schwierigkeiten auf, von denen im Folgenden zu sprechen ist.

Seit Jahrhunderten hat sich die Meinung festgesetzt, die Weisen seien noch am Tag der Geburt Jesu in Bethlehem eingetroffen. Dem widerspricht schon die Tatsache, dass Matthäus noch vor der Ankunft der Könige die Namengebung Jesu erwähnt (in 1,25), die nach jüdischem Gesetz am 8. Lebenstage gleichzeitig mit der Beschneidung des Knaben zu erfolgen hatte – mindestens eine Woche nach der Geburt müsste die Ankunft der Weisen aufgehalten und genauso lange noch ein Bleiben der Familie in Bethlehem zugestanden werden! Die wahre Abfolge verschweigt Matthäus keineswegs: Als Herodes nach der Aufgangszeit des neuen Sterns fragt, nennen die Weisen dieselbe Frist, die Herodes beim Kindermord als Altersgrenze für die zu tötenden Kinder angibt: *zwei Jahre*. Das bedeutet: als die drei Weisen eintreffen, ist der Jesusknabe bereits zwei Jahre alt. Kaum sind die Weisen davongezogen, gebietet der Engel dem Vater Joseph, sich *»noch in der Nacht«* (Mt 2,14) mit Frau und Kind nach Ägypten zu begeben und dort zu bleiben *bis ich wieder zu dir spreche*. Die Rückkehr nach Israel erfolgt nach

43 Der österreichische Esoteriker Jakob Lorber hat nicht einmal seine Widersprüche zu den Evangelien bemerkt, vielmehr die Geburtsgeschichten miteinander vermischt, indem er drei Episoden zusammenlegt: Darstellung wie Beschneidung seien am selben Tag erfolgt und noch am gleichen Tag (!) seien die drei Könige eingetroffen: J. LORBER, Kindheit u. Jugend Jesu, Bietigheim o.J. S. 49.

Herodes' Tod, das war nach einer apokryphen Quelle drei Jahre nach der Ankunft in Ägypten.[44]

Rudolf Steiner ist leider auch der Meinung gefolgt, die Weisen seien schon bei der Geburt des Jesusknaben in Bethlehem erschienen, da er das Niedersenken des Sternes über der Geburtsstätte gleichsetzt mit dem *Moment, wo sich die Individualität des Zarathustra inkarniert in dem bethlehemitischen Jesuskinde.* Das ist, da er darunter den Augenblick der Geburt versteht, nicht mit den Quellen vereinbar. Ähnlich formuliert er dasselbe vier Wochen später: ... *die drei Magier gingen nach dem Stern Zarathustra, und er führte sie an diejenige Stätte, wo er hineingeboren wurde in den Leib, der aus dem abrahamitischen Volke heraus ihm zubestimmt war.* [45]

Macht man sich von der alten Vorstellung frei, wenige Tage nach der Geburt seien die drei Könige aus ihrem Reich angerückt, lösen sich auch gewisse Darstellungsrätsel in der Malerei. Wenn die Anbetung der Könige gleich nach der Geburt stattgefunden hätte, dann müssten sie vor einem Wickelkind gekniet haben. Warum nur haben sich die alten Maler und Bildhauer nie an dieses wirklichkeitsferne Klischee gehalten?[46] Meist zeigen sie bei der Anbetung der Könige einen älteren Knaben von zwei bis drei Jahren, der aufrecht im Schoß der Mutter sitzt, wachen Auges den hohen Besuch erwartend.[47] Das haben bisher weder Theologen noch Kunsthistoriker oder bibelkundige Laien zur Kenntnis genommen. Man muss sich nur vergegenwärtigen, wieviel Zeit die gegenseitige Verständigung der Weisen und was eine viele hundert Kilometer lange Reise an Vorbereitung erforderte. Erst die neuere Zeit kennt Anbetungsbilder mit dem auf Stroh liegenden Neugeborenen.

Kritisch betrachten müssen wir ebenso Steiners Urteil, der lukanische Jesusknabe sei erst <u>nach</u> der Anbetung der Weisen und <u>nach</u> dem

44 Arabisches Kindheitsevangelium K.25 in Apokryphe Kindheitsevangelien, 1995 S. 183 f.

45 R. Steiner am 9. November 1909 in GA 117, ähnlich – ohne missverständliche Zeitangabe – am 7. Dezember 1909 in GA 117.

46 Leider geht H. Krause-Zimmer in ihren zahlreichen Bildbetrachtungen nur auf den Unterschied in der Haltung der Kinder ein (liegend bzw. sitzend), nicht aber auf deren Altersunterschied, den Maler und Bildhauer deutlich berücksichtigen.

47 Auch die alten bildlichen Darstellungen der Flucht nach Ägypten zeigen Jesus stets als älteren Knaben, nie als Wickelkind.

Kindermord geboren: *Einige Monate voneinander geschieden also lagen die Geburten der beiden Jesusknaben. Aber sowohl der Jesus des Lukasevangeliums wie auch der Johannes waren doch um so viel später geboren, dass sie der sogenannte bethlehemitische Kindermord nicht treffen konnte.*[48] Doch dieser Knabe blieb in Wahrheit von einer Bedrohung durch Herodes verschont, denn die Anbetung in Bethlehem erfolgte erst zwei Jahre später, als der nathanische Jesus geboren und schon länger als ein Jahr wieder daheim in Nazareth war. Mit der Meinung, der nazarenische Knabe sei <u>nach</u> dem Kindermord geboren, gerät Steiner in Widerspruch zum Evangelium. Zwar bildet die Ankunft der Weisen den Anlass für den Kindermord und die Flucht nach Ägypten, aber eben erst im Abstand von zwei Jahren nach der Geburt des älteren Knaben. Ein weiterer Widerspruch liegt in Steiners Angabe, die Geburt der beiden Jesusknaben sei im Abstand *einiger Monate* erfolgt. Konnte sich aber in so kurzer Zeit nach dem Kindermord die Gefahr verzogen haben? Selbst mehrere Jahre später wagte es der bethlehemitische Vater nicht, nach Judäa zurückzukehren, sondern wandte sich nach Galiläa. Auch hier hält die Angabe des Geistesforschers einer Prüfung an den Tatsachen nicht stand.

Leider haben sich Steiners Meinung über den Abstand zwischen beiden Geburten andere Autoren angeschlossen.[49] So meint auch Ormond Edwards, Herodes sei bei der Geburt des nathanischen Jesus nicht mehr am Leben gewesen, weshalb Lukas nichts von seiner Grausamkeit berichte.[50] Mögen noch so maßgebliche Autoritäten auch übereinstimmen, so führt ihr Irrtum doch in bedenkliche Widersprüche zu den Tatsachen. Unmöglich können der Johannesknabe und der jüngere Jesusknabe erst <u>nach</u> der Anbetung der drei Weisen geboren sein; in diesem Fall müsste Herodes schon vor den beiden lukanischen Geburten gestorben sein. Die Angabe des Lukas *in den Tagen des Königs Herodes* (in 1,5) gilt, liest man genau, nicht nur für die Ankündigung an Zacharias und Maria, sondern auch für die Geburt der beiden Knaben.

48 R. Steiner am 19. September 1909 in GA 114, Dornach [5]1955 S. 106; ähnlich in GA 15 (2001) S. 74: *»... nicht ganz zu gleicher Zeit geboren, aber doch annähernd«.* Vgl. auch GA 117 (11.10.09) Dornach 1966 S. 15.

49 Die betreffenden Autoren setzen bei dieser Datierung die Feier der Geburt Jesu am 6. Januar voraus, vgl. H. Krause-Zimmer, Herodes und der Stern von Bethlehem, Stuttgart 1997 S. 41; vgl. E. Bock, 1994 S. 52 f.

50 O. Edwards 1978.

Einige Autoren wagen sich sogar auf das Glatteis einer punktuellen Chronologie: die Geburt sei am 4. Januar und die Ankunft der Weisen am 6. Januar erfolgt, was den Kindermord auslöste; Herodes sei in der Nacht zum 10. Januar gestorben, da nach Flavius Josephus sein Tod in die Nacht einer Mondfinsternis fiel[51] – gewichtige Daten in unmöglicher Dichte. So rasch konnten diese Ereignisse keinesfalls aufeinander folgen. Nach dem Besuch der Weisen vergingen mehrere Tage, bis Herodes merkte, dass die Weisen nicht wiederkehrten; die Goldene Legende spricht sogar von einer zwischenzeitlichen Auslandsreise des Herodes. Wäre Herodes vor der Geburt des lukanischen Knaben gestorben, widerspräche dies außerdem den Berichten vom Tod des Zacharias, wovon noch zu reden ist.

Gänzlich unwahrscheinlich ist, dass sich der lukanische Joseph mit der hochschwangeren Maria in ein Gebiet begeben hätte, in dem *einige Monate* vorher solch ein Massaker stattgefunden hatte und in das zu ziehen sich der Vater des salomonischen Knaben noch mehrere Jahre später weigerte, obwohl doch das Stammhaus seiner Familie in Bethlehem stand, er also allen Grund gehabt hätte, so bald wie möglich in die Heimat zurückzukehren. Ebenso unwahrscheinlich ist, dass das grausige Ereignis im ganzen Land unbekannt geblieben oder schon wenige Monate nach dem Massaker die Luft wieder rein gewesen wäre, vielmehr dürfte sich die Untat sofort herumgesprochen haben. Statt *einige Monate danach* das gefährdete Bethlehem aufzusuchen, wären die nazarenischen Eltern jedenfalls in Nazareth geblieben; zumindest hätte Lukas eine drohende Gefahr auf irgendeine Weise angedeutet. Aber nicht der leiseste Hauch einer Bedrohung ist in seine Darstellung eingeflossen. – Bevor wir den Hintergrund der beiden großen Menschheits-Strömungen hinter den beiden Knaben näher beleuchten, sei der Blick auf ihre weitere Entwicklung bis zum Ereignis ihrer Wesensvereinigung gelenkt – lauter Inhalte, die Rudolf Steiner seinen Hörern auch noch an jenem denkwürdigen 19. September 1909 mitgab.

51 Herodes starb nach Josephus bei einer Mondfinsternis, was Eusebius jedoch nicht bestätigt, der in seiner Beschreibung von Herodes Tod sich sonst eng an Josephus hält. Da Mondfinsternisse häufig sind, gibt die Notiz des Josephus keine Gewissheit über das Todesjahr.

Die Vorbereitung der einzigartigen Vereinigung

Der Ägyptenaufenthalt der bethlehemitischen Jesus-Familie dauerte etwa drei Jahre. In dieser Zeit konnte der Jesusknabe die Zauberwelt Ägyptens in sich aufnehmen, die Emil Bock als farbenreiches Bild vor das innere Auge seiner Leser malt. Der Aufenthalt des salomonischen Knaben in Ägypten wurde notwendig für seine Entwicklung, um *als reifste Individualität der Menschheit der zusammengefasste Ertrag der ganzen irdischen Geschichte* zu werden. Als gebildete Juden gingen die Eltern Jesu ganz bewusst auf denselben Sinai-Wegen, die das Volk unter Moses von Ägypten her durchzogen hatte: *Nur ging es jetzt nicht einer verheißenen Heimat, sondern einer rätselhaften Fremde entgegen.*[52] Die Familie gelangt nach Heliopolis, der uralten Sonnenstadt. In einem Garten sprudelt eine Quelle, deren bitteres Wasser süß wird, als die heilige Familie dort eintrifft, berichtet eine Legende. Der älteste Obelisk, den Bock auf seiner Ägyptenreise 1932 als Rest des früher vorhandenen riesigen Steinsäulenwaldes vorfand, zierte einst den Eingang des zentralen Sonnentempels: Symbol der Leben weckenden Sonnenkraft, wenn die Morgensonne die vergoldete Spitze der Steinsäule gleichsam entflammte. Hier war Moses, den der Pharao als seinen Sohn adoptiert hatte, *in aller Weisheit der Ägypter erzogen worden*, wie der Diakon Stephanus in seiner Verteidigungsrede vor dem Hohen Rat bekundet (Apg 7,22).

Heliopolis war das Zentrum, von wo aus Hermes Trismegistos einst die ägyptische Kultur inspiriert hatte. Als der Jesusknabe mit seiner Mutter zum ersten Male den Tempel betritt, geschieht es, dass alle 365 Götterbilder umstürzten: *Auf diese Weise erteilten sie klar die Lehre, dass sie nichts waren.*[53] Nach Bock war das ägyptische Tempelwesen schon lange dekadent und daher unrettbar dem Verfall preisgegeben. Während Pseudo-Matthäus die Ankündigung dieses Ereignisses in dem Jesaja-Wort sieht: *Vor seinem Angesicht werden alle Machwerke der Ägypter zittern,*

52 E. Bock, 1994 S. 63 sowie S. 106.

53 Pseudo-Matthäusevangelium Kap. 23 und 24, Apokryphe Kindheitsevangelien, 1995 S. 243 ff.

denkt Bock an den weit stärkeren Spruch des Jeremia: *Er wird die Obelisken des Sonnentempels von Ägypten zerbrechen und die Tempel der ägyptischen Götter niederbrennen* (Jer 43,13). Das Pseudo-Matthäusevangelium berichtet, der Herzog jener Stadt habe auf die Nachricht hin keineswegs erzürnt reagiert, sondern die Überlegenheit der fremden Zuwanderer anerkannt: *Wenn dieser nicht der Gott unserer Gottheiten wäre, so wären unsere Götter gewiss nicht vor ihm auf ihr Angesicht gefallen.*

Als Jesus einmal einen Jungen, der ihn angerempelt hatte, tot zu Boden stürzen ließ, erregte dies öffentliches Aufsehen. Obwohl Jesus ihn gleich wieder aufstehen lässt, überlegt Joseph, wie ähnlichen Vorfällen künftig zu begegnen sei, und fasst mit Maria den Plan, nach Judäa zurückzukehren. *Als er aber hörte, dass Archelaos anstelle seines Vaters Herodes in Judäa regiere, fürchtete er sich, dorthin zu gehen. Einer Weisung folgend, die er im Traum erhielt, wich er aus in das Gebiet von Galiläa. Er kam hin und ließ sich nieder in einer Stadt namens Nazareth* (Mt 2, 22 f). Joseph führt seine Familie an denselben Ort, in dem die andere Jesusfamilie immer schon heimisch war: Nazareth in Galiläa. In dieser Ortswahl erfüllt sich eine alttestamentliche Prophetie: *Er soll ein Nazoräer genannt werden* (2_{23}). Dass Matthäus dieses Wort (aus Ri 13,5) zitiert, ist für einen Evangelisten, der sonst stets die Herkunft des Davidsohns aus Judäa bezeugt, recht beachtenswert.

Erstaunliche Wunder berichten apokryphe Quellen über die Kindheit. Diese Quellen wissen nichts von zwei verschiedenen Knaben, so müssen wir die Episoden je nach Art und Alter dem einen oder dem anderen Knaben zuordnen. Die eine Quelle berichtet, Jesus habe, als sein Vater Weizen säte, selbst ein einziges Korn ausgesät: *Und als er erntete … brachte er hundert Kor ein,*[54] *und er rief alle Armen des Dorfes auf die Tenne und schenkte ihnen den Weizen. Joseph nahm, was von dem Weizen übrig blieb. Er war acht Jahre alt, als er dieses Wunder vollbrachte.* Das ist wie eine Erinnerung an das Tun des älteren Zarathustra, der die Perser einst lehrte, fruchtbares Getreide aus Gräsern zu züchten. Die gleiche Quelle berichtet über seine Erlebnisse in der Schule. Der Lehrer wollte ihn im Griechischen und dann im Hebräischen unterweisen: *Denn der Lehrer wusste von den Kenntnissen des Knaben und hatte Angst vor ihm … Jesus aber sagte zu ihm: Wenn du wirklich Lehrer bist und wenn du die Buchstaben gut kennst, so nenne mir die Bedeutung des Alpha, dann will ich dir die*

54 Ein Kor = vier Hektoliter.

des Beta sagen. Der Lehrer jedoch ärgerte sich und schlug ihn auf den Kopf. Der Knabe aber, dem das wehtat, verfluchte ihn, und sogleich wurde er ohnmächtig und fiel zu Boden aufs Gesicht. Der Knabe kehrte zurück in Josephs Haus. Doch Joseph wurde traurig und ermahnte seine Mutter: Dass du ihn ja nicht mehr vor die Tür lässt! Denn alle, die ihn zornig machen, erleiden den Tod! Als der Knabe daraufhin einen anderen Lehrer bekommt, der gleich seine *große Anmut und Weisheit* erkennt und ihn ins Elternhaus zurückschickt, weil er ihn nichts lehren könne, lässt Jesus ihm zuliebe *jenen Geschlagenen* wieder gesund werden.[55] – Die Angabe der »Kindheitserzählung«, er sei acht Jahre alt gewesen, weist darauf hin, dass sich die beiden letzten Episoden erst in Nazareth abgespielt haben.

Zustatten kam dem Kind die Anwesenheit der Essener in Nazareth, die ihm eine zielstrebige Erziehung angedeihen ließen, wie Steiner bereits 1910 diese Episode der Kindheit Jesu andeutete und später einmal so präzisierte: *Der Essäerorden, dessen erhabene Lehrer in Nazareth auch dem einen Jesusknaben, den wir den Jesus des Lukasevangeliums nennen, den Extrakt aller Weisheit, wie ihn gerade diese Wesenheit brauchte, lehrten …*[56] Der nathanische Jesus lernte also über das äußere Wissen von den Dingen der Welt hinaus ihren weisheitvollen Zusammenhang kennen. Der Jesusknabe erhielt neben umfassenden Einblicken in die Welt des Geistes eine sichere soziale Einbindung in die Gemeinschaft, er blieb kein träumendes Kind, das sich in Erdenverhältnisse nur schwer einfügte. In Nazareth haben wir es mit einer Siedlung der Essäer zu tun, genauer: mit einem sozialen Experiment, das die mönchische Lebensführung mit dem gleichzeitig weitergehenden Berufsleben zu vereinen suchte. Ein Schüler Jeshu ben Pandiras namens Nezer hatte die Siedlung um 100 v.Chr. gegründet.[57] Nach Emil Bock erschließen die Funde von Qumran nicht nur die Gedankenwelt der Essener, sondern zeigen auch, wie sie durch ihr soziales Leben die Ankunft des Messias vorbereiteten.

Wie der jüngere Jesus bei den Essäern in Nazareth eine gründliche Ausbildung in Pflanzen- und Mineralienkunde vor ihrem kosmischen Hintergrund und in ihrer medizinischen Anwendung erfuhr, so fühlte sich der ältere Knabe durch seine vergangenen Zarathustra-Inkarna-

55 Kindheitserzählung des Thomas Kap. 12, 14 und 15, Apokryphe Kindheitsevangelien, 1995 S. 162 ff.

56 R. Steiner, Esoterische Stunde am 2. Januar 1913 in Köln, GA 266/3.

57 Nazareth leitet sich her vom hebräischen *nezer* bzw. *nezach* = *Spross*, s. E. Bock 1978 S. 160 ff.

tionen intuitiv beheimatet in dem kosmischen Zusammenhang der irdischen mit der geistigen Welt. Die edelsten Errungenschaften der Menschheit konzentrierten sich in den beiden Knaben. Als die Familie aus Ägypten in Nazareth eintrifft, steht der Matthäusknabe im Alter von fünf und der lukanische Knabe von etwa vier Jahren; beide haben also das jüdische Schulalter erreicht.

Der lukanische Jesus hat – abgesehen von den sechs Wochen nach der Geburt – seine gesamte Kindheit in Nazareth verbracht. Seine starke Verbundenheit mit dem Ursprung ließ ihn bis zu seinem zwölften Jahr wenig aufnehmen von dem, *was im Lauf von Jahrtausenden errungen ..., was äußere Kultur erarbeitet hat auf Erden,* stattdessen entwickelte er *als Kind der Menschheit* eine außergewöhnliche *Liebefähigkeit,* eine *große Genialität der Liebe,* wie Rudolf Steiner hervorhebt: *Alles dasjenige, was er berührte von frühester, zartester Kindheit an, war von der vervollkommneten Liebe berührt.*[58] Das stimmt überein mit den Wundergeschichten, die Selma Lagerlöf von Jesu Kindheit erzählt. Sie spiegeln das Leben in Nazareth, wenn sie von der gleichsam magischen Kraft berichten, die von ihm ausstrahlt, so wenn die Buben aus dem Lehm der Regenpfützen kleine Vögel formen und Jesus seine Vögel vor der Zerstörungswut der anderen Knaben dadurch rettet, dass er sie auffliegen lässt. *Etwas wie eine elementare Weltenmacht erlebten die Menschen in diesem meist so stillen Knaben.*[59] Seine außergewöhnliche Liebefähigkeit ging aus einer umfassenden Weisheit hervor unter Buddhas Einfluss, der ihm während der zwölf Kindesjahre erhalten blieb (vgl. Kap. »Buddha und der nathanische Jesusknabe«). Der durchgeistigte Ätherleib Buddhas, der im Engelreigen über Bethlehem aufgeleuchtet war, überleuchtete ihn weiterhin und steigerte seine Empfindungsfähigkeit zu ungewöhnlicher Stärke: *Das Merkwürdige war, dass er von dem ersten Tage seines Lebens an durch seine bloße Gegenwart oder auch durch seine Berührung wohltätige Wirkungen ausübte, Wirkungen, die man heute vielleicht magnetische Wirkungen nennen würde. Also alle Herzenseigenschaften ... zeigten sich bei diesem Knaben.*[60] Solche Worte lassen befürchten: So früh und so reif – wird er noch Gelegenheit finden, die eigne Kindheit auszuleben, nicht immer nur für andere dazusein?

58 R. Steiner in Bonn am 21. Dezember 1913 in GA 150.

59 R. Wagner 1995 S. 30.

60 R. Steiner am 12. Oktober 1911 in GA 131.

Bald nach der Ankunft der »Ägypter« in Nazareth lernen sich die beiden Jesus-Familien kennen. Obwohl sie bereits einmal zu gleicher Zeit am selben Ort gewohnt haben, wenn auch nur wenige Wochen, haben sie in Bethlehem keinen Umgang miteinander gepflegt trotz der gemeinsamen Zugehörigkeit zum Stamm David; jetzt treten sie als Nachbarn in nähere Beziehung. Das herzliche Verhältnis der Familien fördert, dass sich die beiden Knaben anfreunden und gegenseitig anerkennen. Ihre Freundschaft wird sich einmal zu einer bleibenden Wesensvereinigung steigern. Einige Zeit nach der Rückkehr aus Ägypten verstarb der alte Vater der »ägyptischen« Familie.

Von Lukas erfahren wir, wie die Eltern ihren heranwachsenden Sohn einmal zum Passahfest nach Jerusalem mitnehmen, wo Tausende von Juden aus aller Welt herbeiströmten, um ihr größtes Fest gemeinsam zu begehen. Heimlich bleibt Jesus nach den Festtagen in Jerusalem und kommt mit den hohen Lehrern des Volkes ins Gespräch, wobei seine reifen Fragen und Antworten großes Staunen erregen. Die besorgten Eltern suchen ihn bei anderen heimkehrenden Pilgern, finden ihn aber erst am dritten Tag im Tempel. Den Vorwurf seiner Mutter beantwortet er mit dem Rätselwort, das uns jedoch tiefen Einblick in das innerste Anliegen seiner Seele gewährt: *Warum habt ihr mich denn gesucht? Wusstet ihr nicht, dass ich sein muss in dem, was meinem Vater gehört?*

Wenn ein jüdischer Junge sein dreizehntes Lebensjahr vollendet hat, wird er als Mitglied in die Gemeinde aufgenommen. An dem Sabbat, der auf seinen 13. Geburtstag folgt, muss er eine Predigt halten, um zu zeigen, dass er die fünf Bücher der Tora und die einschlägigen Schriften der Rabbiner kennt.[61] Fortan nennt er sich *Bar Mizwa*, einen »Sohn der religiösen Pflicht«, ohne jedoch die volle Verantwortung eines Erwachsenen zu haben. Nun darf er als Mitbeter am Sabbatgottesdienst teilnehmen, der stattfindet, sobald zehn Männer und ein Vorbeter anwesend sind. Zum Gebet trägt er an den Wochentagen den Tallit, den Gebetsmantel, und die Tefillin, die Gebetsröllchen an Stirn und Arm. Später heißt dieses wichtige Ereignis im Leben des Juden *Bar-Mizwa-Fest*,[62] ein zurzeit Jesu unbekannter Name.

61 W. Walter, Meinen Bund habe ich mit Gott geschlossen, München 1989 S. 151.

62 Seit dem Liturgie-Dichter Mordechai ben Hillel, der bei einem Pogrom im Jahr 1298 in Nürnberg den Märtyrertod erlitt.

Es wurde einmal nachzuweisen versucht, jenes Passah-Ereignis in Jerusalem sei das Bar-Mizwa-Fest Jesu gewesen.[63] Doch wer ein Bar Mizwa werden wollte, musste seinen 13. Geburtstag hinter sich haben. Ausdrücklich gibt Lukas das Alter mit zwölf Jahren an – also war der jüngere Jesus noch kein Bar Mizwa. Außerdem blieb ein jüdischer Knabe zu seiner »Bar Mizwa« daheim. Das schlichte Familienfest beging man zuhause in Anwesenheit des Ortsrabbiners und ansässiger Gemeinde-Ältester. Das von Lukas berichtete Gespräch mit den Schriftgelehrten fand bei einem gewöhnlichen Passahfest statt. Anderen blieb die Verwandlung im Wesensgefüge des Knaben verborgen; darum konnten die in Jerusalem akkreditierten Religionswächter und Ältesten nur *über sein Verständnis und seine Antworten staunen* (Lk 2,47), da sich dieser Zwölfjährige schon vor Erreichen des Bar-Mizwa-Alters als schriftkundig erwies. Der salomonische Jesus hatte bei dem Passahfest das Bar-Mizwa-Fest schon hinter sich; der nathanische Jesus musste darauf noch einige Monate warten.

63 R. Wagner 1995.

Das Geheimnis des zwölfjährigen Jesus

Erst Rudolf Steiner hat das Geheimnis gelüftet, das über der lukanischen Erzählung von dem zwölfjährigen Jesus liegt. Nicht der nathanische Knabe allein zieht an jenem erwähnten Passahfest mit den Eltern nach Jerusalem, sondern gleichzeitig auch der salomonische Knabe mit seiner Mutter; sein Vater war schon einige Jahre zuvor gestorben.

In dem Jesus des Matthäus lebte nach Rudolf Steiners Aussagen in den ersten zwölf Lebensjahren die in vielen Inkarnationen gereifte Individualität des großen Zarathustra, der in seinem vorletzten Erdenleben die persische Religion begründet hatte. Der salomonische Knabe muss mit zwei Jahren die Heimat Bethlehem verlassen und bleibt vom 3. bis zum 6. Lebensjahr in der Fremde; danach findet sich für ihn und seine Eltern ein neues Zuhause in dem noch fremden Nazareth. In den zwölf Jahren seines Weilens im salomonischen Knaben entfaltet das Zarathustra-Ich *alle die Eigenschaften, die man in dem Werkzeug des physischen Leibes und des Ätherleibes aus einem Sprossen des Hauses Salomo entwickeln konnte.*[64] Das Zarathustra-Ich des salomonischen Jesus hatte die Unbefangenheit seiner Jugend eingetauscht gegen umfassende Einblicke in den göttlichen Ursprung alles Sichtbaren, darum konnte er auf dem Feld der Sinneserfahrung für den Freund zum überlegenen Lehrmeister werden. Weil der salomonische Knabe *im alten Persien die Verehrung für Ahura Mazdao entwickelte … und begnadet wurde durch große Offenbarungen, deshalb zieht es ihn nun hin zum nathanischen Jesus, und er entfaltet Liebe und Verehrung zu diesem Kinde während ihrer Freundschaft.*[65]

Rudolf Steiner zeigt, wie sich die alte Erwartung historisch in den zwei Jesusknaben erfüllte, die sich zu einem einzigen Wesen vereinigen: *Davon hängt das Heil ab, dass die zwei einer werden. Und sie wurden*

64 R. Steiner am 7. September 1910 in GA 123.

65 H. Krause-Zimmer, Was nahm der salomonische Jesus von seiner Wesenheit in den nathanischen Jesus mit hinüber? Mitteilungen aus der Anthroposophischen Arbeit in Deutschland, Nr. 166, 42. Jg. 1988 S. 280.

einer, als im zwölften Jahr die Zarathustra-Individualität überging in den nathanischen Jesus … Die Seelenkraft des Jesus des Lukas-Evangeliums war etwas gewaltiges Innerliches. Aber dieses Innerliche wurde ein Äußerliches, indem die Zarathustra-Individualität, die an dem Äußeren, an dem physischen Leib und Ätherleib des salomonischen Jesus sich herangebildet hatte, diese Innerlichkeit durchdrang und sie gleichsam mit den Kräften durchsetzte, die am physischen und Ätherleibe herangebildet waren. Da durchdrang diesen physischen Leib und Ätherleib des nathanischen Jesus ein Kräftiges von innen heraus, so dass das Äußere jetzt ein Ausdruck des Inneren werden konnte, jenes Inneren, das früher ein Inneres geblieben war, bevor der Lukas-Jesusknabe von der Zarathustra-Individualität durchdrungen worden war. So waren die zwei eins geworden. Das Erschrecken der Eltern Jesu über ihren Sohn hat ihren Grund in dieser Tatsache: *Zarathustra, Zaratas sprach aus diesem Knaben in dem Moment, der uns geschildert wird, als ihn die Eltern im Tempel suchten.*[66]

Rudolf Steiners menschenkundliche Erläuterung erleichtert es, die Vorgänge bei jenem Passahfest im Tempel zu verstehen. Bei jedem Kind wird zur Zeit der Geschlechtsreife der Astralleib frei, die bisherige Umhüllung (die sogenannte *astralische Mutterhülle*) geht in der astralischen Welt auf. Nur bei dem nathanischen Jesusknaben verlief dieser Vorgang anders: der geläuterte Ätherleib des Buddha, der den Knaben bisher überschwebte, vereinigte sich mit dessen astralischer Hülle. Dadurch verjüngte sich sein Astralleib, und die Schriftgelehrten mussten über seine Fragen und Antworten erstaunen. Durch das Gespräch mit den älteren Lehrern wird seine Umgebung *überrascht, weil ihn umschwebte der Nirmanakaja des Buddha, aufgefrischt wie aus einem Jungbrunnen von der astralischen Mutterhülle des Knaben*; der Zwölfjährige konnte *kindlich reden über die hohen Lehren vom Mitleid und der Liebe*;[67] in ihm lebte nun die buddhistische Lehre in verjüngter Form.

Gleichzeitig ereignete sich etwas Bedeutsames: das Zarathustra-Ich, das aus seinen vielen Inkarnationen reife Seelenqualitäten mitgebracht hatte, wechselte aus dem salomonischen in den nathanischen Jesus über, die freundschaftliche Sehnsucht des älteren Knaben hatte ihre Wesensvereinigung herbeigeführt: *Jene Ichheit, die bis dahin als Zarathustra-Ichheit den Körper des Jesus aus der königlichen Linie des davidischen*

66 R. Steiner, 6. Vortrag (Schluss) am 6. September 1910 in GA 123.
67 R. Steiner am 17. September 1909 in GA 114.

Geschlechts gebrauchte, um auf die Höhe seiner Zeit zu kommen, drang aus dem Körper des salomonischen Jesusknaben heraus und übertrug sich auf den nathanischen Jesus, der daher wie ein Verwandelter erschien … Jetzt lebte das Zarathustra-Ich in dem nathanischen Jesus. Und dieses Kind, das so verwandelt war, dass es die Eltern nicht verstehen konnten, das nahmen sie jetzt mit nach Hause.[68] Das Neue spiegelt sich in den zwei Sätzen, mit denen Lukas die Tempel-Episode umrahmt. Während der erste Satz von seiner mitgebrachten Begabung spricht: *Das Kind wuchs heran und erstarkte im Geist, von Weisheit erfüllt, und Gottes Gnade lag auf ihm* (2,40), so verwundern sich alle, die ihn im Tempel hörten, *über seinen Verstand und seine Antworten* (2,47) [69] – denn das Zarathustra-Ich spricht aus ihm. Bei seiner Rückkehr heißt es wörtlich: *Und Jesus schlug voran an Weisheit und Reife und Hingabekraft gegen Gott und die Menschen* (2,52), da die von der Zarathustra-Seele empfangene Art kombinierenden Verstehens sich mit der weisheitvollen Reife des nathanischen Jesus vereinigt hat, wobei der Ausdruck *schlug voran* auf den raschen Vereinigungsvorgang hinweist. Bleibend bereichert war der jüngere Jesusknabe, der bis dahin, wie erwähnt, *wenig von äußerer Kultur hatte aufnehmen können*, was ihm nun zur Verfügung stand. Nach der Hingabe seiner Seele konnte der ältere Knabe seinen Leib nur noch einige Monate am Leben erhalten.[70] Seit im 15. Jh. ein Pilger von seinem Grab auf dem Berg Zion berichtet hat, hält sich die Überlieferung, Jesus sei in Jerusalem eines natürlichen Todes gestorben.[71]

Als bald nach jenem Passahfest die Mutter des jüngeren Jesus stirbt, nimmt der Witwer die andere Maria mit ihren Kindern zu sich, die nun Geschwister Jesu werden. So kommt das Zarathustra-Ich in Jesus wieder zu seiner ersten Mutter: *Auch das andere Kind konnte nicht unter*

68 R. Steiner am 19. September 1909 in GA 114.

69 A. Arenson hat bereits 1921 auf dieses Motiv hingewiesen: Die Kindheitsgeschichte Jesu, Stuttgart 1921 S. 25.

70 Ein anthroposophischer Astrologe (R. Powell, Chronik des lebendigen Christus, 1998) versuchte einmal nachzuweisen, der salomonische Jesusknabe sei fünf Jahre älter als der nathanische Knabe gewesen – eine spekulative Rechnung, die längst widerlegt worden ist: H. Krause-Zimmer, Probleme um die zwei Jesusknaben, Goetheanum 43. Jg. 24. Oktober 1999 S. 789 f.

71 Nach Steiners Angabe starb der salomonische Jesus im 14. Lebensjahr; E. Plany fand auf dem Zionsberg das Grab eines »Issai«, womit dieser Knabe gemeint ist, und vermutet dessen Tod bei jenem Passah in Jerusalem, s. Die Christengemeinschaft 55. Jg. 1983 S. 416.

gewöhnlichen Verhältnissen fortleben, als das Zarathustra-Ich es verlassen hatte. Der Joseph aus der salomonischen Linie war schon früher gestorben, und die Mutter des salomonischen Jesuskindes mit ihren Kindern, dem Jakobus, Joses, Judas, Simon und den beiden Töchtern, wurde in dem Hause des nathanischen Joseph aufgenommen; so dass also der Zarathustra jetzt wieder zusammenlebte mit derjenigen Familie, in die er sich hineininkarniert hatte, bis auf den Vater.[72] Seit dem Zusammenschluss der beiden Familien nannte man Jesus nach seinem Wohnort »Jesus von Nazareth«. Offenbar wussten die Jünger, die ihn erst als Erwachsenen kennen lernten, nur von der einen Familie, denn die Evangelisten sprechen ohne nähere Erklärung von *seinen Geschwistern* (Mk 6,3; Mt 13,55 f.) – nicht aus Unkenntnis, sondern um der Wahrheit willen: seit dem Passah des Jahres 12 gab es nur die eine Jesus-Familie.

In der reinen Seele des lukanischen Knaben, die sich ihre Kindheitskräfte bewahrt hatte, war *durch den Wechselverkehr zwischen den beiden Knaben* eine *ungeheure Begabung* entstanden.[73] Der fruchtbare Austausch zwischen beiden hatte sich bis zum 12. Lebensjahr des Knaben fortgesetzt – bis zu jenem Ereignis, das nur der Evangelist Lukas in seinem Bericht andeutet. Steiner zeigt, wie der »vereinigte« Jesus bis zu seinem 30. Lebensjahr durch die Einwohnung der Zarathustra-Wesenheit sich soweit kräftigen konnte, dass das Zarathustra-Ich bei der Taufe seine leiblichen Hüllen verlässt; es tritt zurück, um das große Christus-Ich des Logos in den Menschen Jesus einziehen zu lassen.[74] Nun stand dieser hohen kosmischen Wesenheit ein vollkommen durchgebildetes Menschenwesen zur Verfügung, das ihn zu seinen erstaunlichen Heilungen und zeichenhaften Taten befähigte: der Verwandlung von Wasser in Wein oder der wunderbaren Substanzvermehrung bei den beiden Speisungen.

Zu diesem Thema gehört ein apokrypher Text, der seit Rudolf Steiner auf den zweifachen Messias bezogen wird. Auf die Frage der Jünger, ob sie Einlass finden in das Reich, wenn sie den Kindern gleichen, antwortet Jesus: *Wenn ihr die zwei zu Einem macht und das Innere wie das Äußere und das Äußere wie das Innere und das Obere wie das Untere, und wenn ihr das Männliche und das Weibliche zu einem Einzigen macht … wenn*

72 R. Steiner am 19. September 1909 in GA 114.
73 R. Steiner am 21. April 1923 in GA 349.
74 Vgl. P. Selg 2008.

ihr das Auge durch ein anderes Auge ersetzt und die Hand durch eine andere Hand und den Fuß durch einen anderen Fuß, ein Bild durch ein anderes Bild – dann werdet ihr ins Reich eingehen (ThomEv 22).[75] Der vollständige Text verrät, dass es sich um etwas anderes als um zwei historische Gestalten handelt.[76] Das gekürzte Zitat im Ägypterevangelium weist noch näher auf den innerseelischen Vorgang, in dem *das Männliche und das Weibliche … zu einem Einzigen gemacht werden,* wie Adolf Arenson es verstand: *Mit dem »Männlichen« ist das selbstbewusste Ich des salomonischen Knaben gemeint, das in die Seelenhaftigkeit des nathanischen Kindes einzieht und sie befruchtet, das »Auswendige« stellt die Erdenerfahrung des Matthäusknaben, das »Inwendige« die göttliche Liebe und Weisheit des Lukasknaben dar; die zwei werden eins.*[77]

Ein Geheimnis bleibt es, auf welche Art der heilige Geist das große Werk zustande bringen konnte, die beiden größten Menschengeister, die je auf Erden lebten, das sonnenhafte Zarathustra-Ich und die den Nirmanakaja tragende Buddha-Seele, zueinander zu bringen. Überdenkt man die einzelnen Schritte, welche die Wesensvereinigung der beiden Knaben vorbereiteten, damit sie durch die Hingabe ihres Eigenwesens dem Gotteswesen des Christus eine reine, von aller Selbstbezogenheit geläuterte Hülle zur Verfügung stellen konnten, so fügen sich die komplizierten Vorgänge allmählich zu einem ganzen Bild zusammen. Ohne Kenntnis von Rudolf Steiners differenzierten Angaben wäre es nicht zu verstehen, wie ihre Vereinigung überhaupt möglich wurde.

75 Übersetzung nach K. Dietzfelbinger, Apokryphe Evangelien aus Nag Hammadi, Andechs ²1989 S. 199.

76 E. Weymann, Zepter und Stern, Stuttgart 1993 S. 57.

77 A. Arenson, 1921 Fußnote S. 33.

Die tatsächliche Chronologie als Lösung der Widersprüche

In die ersten Tage des letzten Jahres vor der Zeitenwende fällt die Geburt des *salomonischen* Jesus.[78] Am Tag seiner Geburt erscheint in den Ländern des Ostens ein besonderer Stern, der die Weisen in Bereitschaft versetzt. Gegen Ende desselben Jahres kommt der *nathanische* Jesusknabe auf die Welt, auch in Bethlehem. Da – nach Lukas – ein halbes Jahr zuvor der *Johannesknabe* geboren wurde, fallen die Geburten der drei Knaben auf den Winter, den Sommer und den Spätherbst desselben Jahres, wie Ormond Edwards ebenso berechnet hat.

Seit langem hat sich die abendländische Christenheit daran gewöhnt, das Datum der Geburt Christi in einer Sternenkonstellation ein paar Jahre vor der Zeitenwende zu verstehen. Rudolf Steiner distanziert sich von der Meinung, der Stern der Weisen lasse sich astronomisch berechnen; solche Ereignisse seien als Bild am Himmel abzulesen, aber nicht als Konjunktion berechenbar: *Geburts- und Todesjahr des Christus Jesus sind astrologisch berechnet, die ganze Apokalypse beruht auf Astrologie. In alten Zeiten war diese lebendig, aber sie ist heute tot, selbstverständlich eine bloße Rechnerei. Sie wird erst dann wiederum lebendig, wenn die Dinge lebendig wiederum erfasst werden, wenn also zum Beispiel nicht aus den Sternen etwa berechnet wird das Geburtsjahr des Christus Jesus, sondern wenn es geschaut wird …*[79] Zwar spiegeln sich große Ereignisse wie die einmalige Ankunft des einzigartigen Erlösers auch in großen Konjunktionen. Die Magier mussten auf ein deutliches Zeichen warten. Erst, als sie den Stern schauten, konnten sie beginnen, die weite Reise vorzubereiten.

Anzunehmen, die Anbetung durch die drei Weisen und der Kindermord hätten sich gleich bei der Geburt des älteren Knaben ereignet, widerspricht den wichtigsten Quellen. Das Matthäusevangelium nennt

78 Die Historiker kennen kein Jahr 0, denn als die Jahreszählung nach Christi Geburt eingeführt wurde, war die Null noch unbekannt, erst die Astronomen fügten später das Jahr 0 ein, vgl. W. Hoerner, Zeit und Rhythmus, Stuttgart 1978 S. 276.

79 R. Steiner am 28.12.1913 in GA 187; vgl. hierzu die im Kapitel »Zarathustra und der Stern der Weisen« zitierten neueren Forscher.

zwei Jahre als Abstand zwischen der Geburt des Knaben und dem Besuch der Weisen, denn als sich die Weisen in Jerusalem nach dem neu geborenen König erkundigen, lässt sich Herodes genau informieren *über den Zeitpunkt der Erscheinung des Sternes* – hier bleibt die Zeitspanne noch offen. Als er merkt, dass ihm die Weisen ihren Bericht schuldig bleiben, befiehlt er den Kindermord und lässt *in Bethlehem und in der gesamten Umgebung alle Kinder von zwei Jahren und darunter töten gemäß der Zeit, die er von den Weisen erfragt hatte* (Mt 2,16). Das beseitigt alle Zweifel: Zeigte der Aufgang des Sterns zwei Jahre zuvor die Geburt an, so war der salomonische Knabe schon ebenso lange auf der Welt. Dies bestätigt Pseudo-Matthäus wörtlich: *Nach zwei Jahren kamen aus dem Orient Magier nach Jerusalem und brachten große Geschenke.*[80] Die Familie des älteren Knaben, schon immer in Bethlehem ansässig, konnte noch zwei Jahre nach der Geburt unbehelligt im heimischen Wohnort bleiben. Erst danach treffen die Magier in Bethlehem ein, was den Kindermord und die Flucht zur Folge hat.

Keine einzige Quelle gibt einen Grund dafür an, warum die Weisen erst zwei Jahre nach der Geburt Jesu in Bethlehem eintrafen;[81] wir hören nur, dass der Stern *zwei Jahre* vor ihrer Ankunft erschien. Die alten Quellen bezeugen eindeutig, und die vernünftige Überlegung bestätigt es, dass die Weisen zum Vorbereiten ihrer langen Reise gewisse Zeit benötigten. Im Mittelalter kam die Meinung auf, die Magier hätten auf magische Weise ihren weiten Weg verkürzt. Das hohe Alter dieses Irrtums macht ihn nicht glaubwürdiger. Die Legenda aurea fabuliert von der Reise der Weisen innerhalb weniger Tage; auch Johannes von Hildesheim teilt diese Meinung, lässt dann aber den Weisen wenigstens für die Rückreise in ihr Land zwei Jahre Zeit.[82] Folgt man den Quellen: dass die Weisen dem Jesusknaben erst zwei Jahre nach seiner Geburt huldigten, dann klärt sich die Abfolge. Außerdem wird die irrige Meinung zurechtgerückt, der Knabe sei auf der Flucht erst *zwölf Wochen* alt gewesen, was Anna Katharina Emmerich nicht nur gehört, sondern als Zeitraum sichtbar vor Augen gehabt

80 Pseudo-Matthäusevangelium Kap. 16, in: Apokryphe Kindheitsevangelien 1995.

81 Ein ägyptischer Pharao erkannte einen Sohn erst im Alter von drei Jahren als Menschen an, vgl. E. Fleg, Moses, München 1929.

82 Johannes von Hildesheim, Die Legende von den Heiligen Drei Königen (geschrieben um 1375), DTV München 1963.

haben will.[83] Die den Evangelisten angedichteten Widersprüche enthüllen sich in Wahrheit als ein Bekenntnis zur Genauigkeit.

Einige Astrologen betonen, Herodes sei einige Jahre vor Christi Geburt gestorben; andere Forscher vermuten, diese Ansetzung rühre von der falschen Zählung durch Dionysius Exiguus her, doch der alexandrinische Mönch des 6. Jahrhunderts ist daran unschuldig.[84] Oft wird behauptet, er habe Christi Geburt auf den 25. Dezember des Jahres 753 a.u.c. (ab urbe condita = nach Gründung Roms) gesetzt.[85] Eine solche Angabe kommt (nach Georges Declercq) in den Berechnungen des Dionysius überhaupt nicht vor; er hatte kein chronologisches Interesse an Jesu Geburt, da er nur die beim Konzil von Nicäa festgesetzte Osterregel mit Hilfe genauerer Berechnungen besser begründen wollte. Dazu benötigte er ein Datum, an dem er seine Ostertafel fixieren konnte: *Das Jahr der Inkarnation war unter diesem Gesichtspunkt nur ein unmaßgebliches Berechnungsdetail.*[86] Man muss bedenken, dass sich unsere moderne Datierungssucht weit entfernt hat von der antiken Berechnungsart; damals ging man schlicht von der Relation zu bekannten und festen Ereignissen aus.

Historiker sind sich darin einig, dass antike Zeitangaben auf ungefähren Angaben beruhen; besonders konfliktreich sei der Vergleich der griechischen Olympiadenzählung mit der römischen Jahresbenennung nach jährlich wechselnden Konsuln. Ideler stellt fest, dass die diversen Bemessungen des Weltalters bei der Aufrechnung alttestamentlicher Jahresangaben höchst unterschiedliche Ergebnisse aufwiesen: Während viele Forscher mit 5500 Jahren Abstand von der Schöpfung bis zur Inkarnation Christi rechneten, sind andere zu abweichenden Ergebnissen gelangt. Dabei teilt Ideler eine wichtige rabbinische Rechnung

83 Sie beteuert: *Ich sah dreimal vier Wochen.* A.K. Emmerich 1954 S. 54.

84 Sechs Jahre wurden zuviel angesetzt, vgl. E. Bock 1994 S. 102/104 sowie H.H. Frei, Wann wurde Rom gegründet? (Anthroposophie 6.Jg. Nr.27, 28.12.1924). Eine Kollision mit dem auf 4 v. Chr. angesetzten Tod des Herodes entfällt, sobald die für die vorchristliche Zeit zuviel berechneten sechs Jahre abgezogen werden.

85 Nur ein einziger christlicher Autor verwendete das chronologische Datierungssystem, wonach die Geburt Jesu auf das Jahr 753 nach der Gründung Roms fiel: der Mönch Orosius zu Beginn des 5. Jahrhunderts in seiner »Geschichte gegen die Heiden«.

86 G. Declercq, Anno Domini, Turnhoult 2000, S. 138.

mit: im Sohar und anderen jüdischen Schriften werde eine besondere Sternenkonstellation als wichtiges Zeichen für die Ankunft des Messias gehalten. Daraus folgert er: *»Eben dieser Glaube [hat] auch die Magier nach Bethlehem geführt. Ist dies nun der Fall, so scheint festzustehen, dass Christus gegen Ende des Jahres 747 d.St.* [= a.u.c.][87] *geboren ist, also unsere Aera vulgaris um sechs Jahre zu wenig zählt«.* Mit »unserer Ära vulgaris« meint Ideler unsere Jahreszählung »nach Christi Geburt«, deren Beginn sechs Jahre früher als üblich anzusetzen ist. Da den Römern im 1. vorchristlichen Jahrhundert Angaben zur Frühzeit fehlten, rekonstruierten sie die frühen Daten ihrer Republik nachträglich, wobei ohne Zweifel Fehler unterlaufen sind.[88] Die frühe Kirche setzte das Leiden Jesu auf das Jahr »sub duobus Gemini« an, als C. Rubellius Geminus und C. F. Geminus das Konsulat innehatten: 780 a.u.c.[89] Damit wäre Jesus bei seiner Passion erst 27 Jahre alt gewesen, wieder bleibt der Fehlbetrag von sechs Jahren. Letztlich ist das Geburtsjahr Jesu aus historischen Quellen nicht eindeutig zu beweisen. Wann wird einmal ein Historiker die vielen Fehlerquellen in den Berechnungen der Chronologen sichten und zurecht bringen?

Eine andere Möglichkeit der Berechnung hat Rudolf Steiner erschlossen: Während die Menschheit bis in das 8. vorchristliche Jahrhundert hinein noch lebendigen Umgang mit den Wesen der höheren Hierarchien pflegen konnte, wurde sie von da an vom Erleben der Uroffenbarung ausgeschlossen.[90] Im entscheidenden *Schwellenjahr* 747 wurde Rom gegründet, als gleichzeitig die mittlere nachatlantische Kulturepoche begann.[91] In Wahrheit betrug der Abstand des Geburtsjahres Jesu von der Gründung Roms also nur 747 Jahre. Daraus erklären sich jene astrologischen Berechnungen, die das Erscheinen des Sterns sechs bis sieben Jahre früher ansetzen als die herkömmliche Spanne von 753 Jahren: der Abstand zwischen der Gründung Roms und Jesu Geburt betrug sechs Jahre weniger, als es in der christlichen Geschichtsschreibung angenommen wird.

87 L. Ideler, Lehrbuch der Chronologie, 1831 S. 431 und öfter kennzeichnet die römischen Jahresangaben als »d.St.«, d.h. »der Stadt«.

88 Vgl. die »Daten zur antiken Chronologie und Geschichte«, zusammengestellt von Marieluise Deichmann, Stuttgart 1990 S. 20.

89 nach F. Münter 1827.

90 R. Steiner am 11. (in 2. Aufl. irrtümlich 13.) April 1916 in Berlin, in GA 167.

91 R. Steiner z.B. am 30. Juli 1918 in GA 181 sowie am 8. Mai 1920 in GA 201.

Wir müssen dem Leser zumuten, sich statt absoluter Zahlen relative Zeitabstände vorzustellen. Nach neueren Erkenntnissen erfolgte die Geburt Jesu im Frühling des Jahres 7 v.Chr.[92] Auch hier stoßen wir auf das Zuviel einiger Jahre. Dies berücksichtigend ergibt sich als Termin für die Tötung der unschuldigen Kinder das Frühjahr 2 nach (bzw. 5 vor) Chr., erst danach starb Herodes. Am selben 15. Februar wie Herodes soll nach einer alten Quelle Elisabeth, die Mutter des Johannes, in En Kerem fünf Jahre nach dem Kindermord gestorben sein.[93]

Den landläufigen Daten der Geburt Jesu am 24. Dezember oder 6. Januar kommt statt einer chronologischen eher eine liturgische Bedeutung zu,[94] darum müssen wir uns davon freihalten, sie als Beweis für das chronologische Zusammenfallen von drei oder vier Ereignissen zu werten. Die Geburt des salomonischen Knaben, die Ankunft der Magier, die Taufe Jesu und die Hochzeit zu Kana wurden liturgisch auf den 6. Januar gelegt, zwar als eine klare Stufenfolge wichtiger Erscheinungen (Epiphanien), jedoch ohne chronologische Relevanz.

92 M. Hesemann, Vatican-Magazin 12, Kisslegg 2009 S. 9 ff.

93 »Leben Johannes des Täufers« von Serapion (Bischof von Alexandria um 390) in Hennecke-Schneemelcher 1, 1968 S. 310 f.

94 Das Weihnachtsdatum des 24. Dezember wurde in der Westkirche erst im 4. Jh. festgelegt.

Der Tod des Zacharias – ein Meilenstein der wahren zeitlichen Abfolge

Fassen wir das Bisherige zusammen: Alle drei Knaben kamen in demselben Jahr auf die Welt: der salomonische Knabe zu Beginn, der Johannesknabe in der Mitte und der nathanische Knabe gegen Ende dieses letzten Jahres der vorchristlichen Ära. Als zwei Jahre nach der Geburt des salomonischen Jesus die drei Weisen nach Jerusalem kommen, weckt ihre Frage in Herodes Argwohn, der zum Kindermord führt. Zu dieser Zeit ist der Johannesknabe etwa anderthalb Jahre alt. Da auch ihm Gefahr drohte – die Zacharias-Familie wohnte in einer der vielen Levitenstädte im Umkreis von Bethlehem –, *versteckte sich* seine Mutter mit ihm, wie ein apokryphes Evangelium berichtet.[95] In anderen Quellen heißt es, Zacharias habe den Häschern, die nach dem Kinde fahndeten, entgegnet, er wisse nicht, wo sich seine Frau mit dem Kinde aufhalte. Als sie dem König diese Auskunft überbringen, befiehlt Herodes mit den Worten *Dass nicht sein Sohn etwa in Israel herrsche*! [96], den Vater anstelle des Kindes zu erschlagen. So wird Zacharias *zwischen den Stufen und dem Altar,*[97] nach anderen Quellen *im Vorhof des Tempels ermordet … bei Tagesanbruch.*[98] Alle drei Knaben entkamen der Rache des Herodes: der eine, weil er wieder im fernen Galiläa weilte, der andere, weil er rechtzeitig nach Ägypten gebracht, und der Johannesknabe, weil er versteckt worden war. Die zitierten Quellen und das Evangelium stützen sich gegenseitig.

95 Protevangelium des Jakobus Kap. 22; vgl. hier Anhang 3.

96 A. Berendts 1895 S. 71–80.

97 Die Schatzhöhle aus der Schule Ephräms Kap.47, in P. Riessler 1928.

98 Protevangelium des Jacobus Kap. 23; andere Quellen: A. Berendts, Die handschriftliche Überlieferung der Zacharias- und Johannes-Apokryphen, in: Texte und Unters. zur Gesch. d. altchristl. Literatur, Leipzig 1904; Dr. Mingana, Zwei syrische Versionen eines Lebens Johannes des Täufers (4.Jh.), Bulletin of The John Rylands Library 1927, zit. bei R. Boos, Ein frühchristliches Leben Johannes des Täufers, Goetheanum 6.Jg. 1927 S. 318; die »Tschetji-Minei« des Metropoliten Makarius von Moskau (1482–1563), s. G. Aschoff, Zacharias – Uriel – Johannes, Mitteil. aus dem anthrop. Leben in der Schweiz Nr. VI, Juni 2004.

Mit den Quellen harmoniert auch jene von flammenden Weherufen erfüllte Rede, die Jesus während der Karwoche an die Pharisäer richtet. Zuletzt wirft er ihnen ihr heuchlerisches Verhalten vor, da sie die Gräber jener Propheten schmücken, die von ihren Vorgängern ermordet wurden:[99] *Damit bezichtigt ihr euch selbst, dass ihr Söhne derer seid, welche die Propheten töteten, und so macht ihr das Maß eurer Väter voll ... Deswegen sende ich zu euch Propheten und Weise ...; die einen werdet ihr töten und kreuzigen und andere in euren Synagogen geißeln und von Stadt zu Stadt verfolgen; auf dass über euch komme all das unschuldige Blut, das auf die Erde geflossen ist von dem Blut des unschuldigen Abel bis zum Blute des Zacharias, den ihr getötet habt zwischen dem Tempel und dem Brandopferaltar* (Mt 23,29–35). Welchen Sacharja oder Zacharias meint Jesus?

Manche Erklärer behaupten, gemeint sei entweder der Prophet Sacharja, der als Sohn des Hohenpriesters Jojada wegen seiner Bußpredigt unter König Joas um 520 v. Chr. gesteinigt wurde, oder aber ein kaum bekannter Priester gleichen Namens, der ebenfalls gewaltsam zu Tode kam. Doch auf beide kann sich das Wort Jesu nicht beziehen, war doch seither noch viel unschuldiges Prophetenblut geflossen. Unmöglich hätte er in einer mehr als 500 Jahre zurückliegenden Tat das Ende des unschuldigen Blutvergießens sehen können. Eher ist anzunehmen, dass Jesus den gesamten Zeitraum von der Schöpfung bis zu seiner Gegenwart in den Blick fasste, angefangen beim Brudermord an Abel bis zu jener großen Untat, die dem Vater des Täufers angetan wurde.

Eusebius zitiert in seiner Kirchengeschichte einen Brief, in dem die Christen von Vienne den Martertod eines jungen Priesters ihrer Stadt *trotz seiner Jugend* mit dem Tod des alten Priesters Zacharias vergleichen. Für sie ist der Vater des Täufers ein Märtyrer, als ob damals – zur Zeit des Cäsars Marc Aurel, am Ende des 2. Jhs. – der Tod des Zacharias allgemein bekannt gewesen wäre. Da der junge Priester vor dem Richtstuhl des Statthalters mutig jede Frage beantwortete, *wurde auch er in die erwählte Schar der Märtyrer aufgenommen, er, der Tröster der Christen, der den Tröster, den Geist des Zacharias in sich hatte, was er durch die Fülle seiner Liebe zu erkennen gab* ... Diese Erwähnung des Zacharias verdient als mittelbares Zeugnis besondere Glaubwürdigkeit, zumal jener junge Priester schon zu Lebzeiten *dem Zacharias gleichgesetzt wurde.* [100]

99 Mehrere Propheten fanden ein gewaltsames Ende in Jerusalem: Jesaja, der zersägt wurde, Micha, Sacharja und andere.

Obwohl der Tod des Zacharias zu Lasten des Königs Herodes ging, gibt Jesus ausdrücklich den Pharisäern die Schuld. Hatten sie womöglich den Häschern einen Fingerzeig gegeben? Als die drei Weisen nach dem neuen König fragten, waren es die Schriftgelehrten, die Herodes Auskunft gaben, der Messias müsse aus Bethlehem kommen, sie waren also in den Konflikt verwickelt. Eine alte Überlieferung ergänzt, wie Herodes auf die Frage der Weisen von *Priestern und Eingeweihten* Auskunft verlangt hatte: *Lehret mich, wo der Messias geboren werden soll,*[101] so habe er sich, als die Weisen bei ihrer Heimreise die Hauptstadt mieden, wieder bei jenen Ratgebern nach einer auffälligen Familie erkundigt, die ihn auf die Familie des Priesters Zacharias hinwiesen; nach einer alten Quelle hätte ein Jude dem Herodes zugeflüstert, Johannes könne der Messias sein. Diesen ganzen dem Volk nicht bewussten Hintergrund kannte Jesus, der alle Gedanken und Absichten zu lesen vermochte. Darum konnte er unverhohlen die Pharisäer als Urheber des Mordes an dem Vater des Täufers bezeichnen. Drei Tage nach dem Tod des Zacharias wurde zu seinem Nachfolger Symeon bestimmt, jener fromme Mann, dem vom Heiligen Geist vorhergesagt war, er werde nicht sterben, bevor er »den Messias im Fleische gesehen habe« – mit diesem Bericht schließt das von uns im vollen Wortlaut wiedergegebene Protevangelium des Jakobus (s. Anhang Nr. 3).

Das Evangelium bestätigt die zeitliche Abfolge: die Weisen kommen erst anderthalb Jahre nach der Geburt des Johannes und ein Jahr *nach* der Geburt des lukanischen Knaben nach Jerusalem. Zacharias starb im Jahre 2 am Tempel von Jerusalem als erster christlicher Märtyrer, noch vor Stephanus. Sein Grab befindet sich nach alter, unlängst bestätigter Tradition am Ostrand des Kidrontales gegenüber der Südostecke des Tempelplatzes, als eines jener drei auffallend großen Mausoleen.[102]

100 bei Eusebius von Cäsarea, 1967 S. 234 f.

101 Im koptisch-jakobitischen Synaxarion (Heiligenkalender) von 1425, vgl. A. Berendts, 1895 S. 47 f.

102 Plan bei G. Kroll, Auf den Spuren Jesu. Leipzig [10]1988 S. 413; in den älteren Auflagen hieß es noch *Grab des Sacharja*. – Auch das mittlere der drei Grabmäler gehörte einer Priesterfamilie: hier wurde 60 Jahre später der im Volk beliebte Jakobus, der Bruder Jesu, begraben, ebenfalls ein Opfer pharisäischer Intrigen.

Zarathustra und der Stern der Weisen

Die Erscheinung des Sternes und die wunderbare Führung der drei Weisen zum Haus der Geburt Jesu hat die Christenheit über alle Jahrhunderte hinweg beschäftigt. Die »Legenda aurea« (als im Mittelalter entstandenes Sammelbecken alter Überlieferungen, das als Volksbuch noch über die Reformation hinaus beliebter war als die Bibel) hebt die Tatsache hervor, dass die drei Könige zwar die Zeit des Sternenaufgangs kannten, den Geburtsort des Heilands aber erst von den jüdischen Schriftgelehrten erfragen mussten. Auch erwähnt sie, Chrysostomos habe den Stern als denjenigen erkannt, den Bileam zur Zeit des Moses geschaut hatte.

Die Legenda betont, dass der Stern auch bei Tag zu sehen war und nicht im Himmel *schwebte*, vielmehr *in dem Mittel der Luft, nahe über der Erde … bis er kam und oben über der Stelle stehen blieb, wo das Kindlein war.* Dreifach ist er zu deuten: *Etliche sprechen, es wäre der heilige Geist gewesen, der auch darnach bei der Taufe des Herrn erschien in einer Tauben Gestalt; also erschien er den Weisen in Gestalt eines Sterns … den Hirten erschien er in einer Gestalt, die ihnen verständlich war, den heidnischen Königen in der Form, die sie begreifen konnten. Die Dritten sprechen, und das wird die Wahrheit sein, es wäre ein Stern gewesen, der neu erschaffen ward, und da er seinen Dienst getan, so kehrte er wieder zu seiner vorigen Materie.*[103]

Das erinnert an eine frühe und glaubwürdige Beschreibung des Ignatius von Antiochien in seinem Brief an die Epheser, den er auf dem Weg nach Rom schrieb, als er bei einer Christenverfolgung gefangen worden war:[104] *Ein Stern erstrahlte am Himmel, heller als alle Sterne, und sein Licht war unaussprechlich und seine Neuheit erregte Befrem-*

103 Die Legenda aurea des Jacobus de Voragine, aus dem Lateinischen übersetzt von R. Benz, Heidelberg/Jena 1925 S. 107 ff.

104 IgnEph 19, geschrieben etwa im Jahre 107, nach dem griechischen Text in J. A. Fischer, Die Apostolischen Väter, Darmstadt 1956; nach alter Überlieferung war Ignatius das Kind, das Jesus den Jüngern als Vorbild hinstellte (Mk 9,36).

den; alle übrigen Sterne aber samt Sonne und Mond umgaben den Stern im Reigen, er selbst übertraf durch sein Licht alle; und Verwirrung herrschte, woher die neue, ihnen ungleichartige Erscheinung wäre. Alle Zauberei sei aufgelöst worden, weil die Vernichtung des Todes bevorstand. Noch im 19. Jh. machte der Stern durch seine Eigenart tiefen Eindruck auf eine Seherin: *Der Stern, der bei Nacht wie eine Feuerkugel aussah, sah jetzt ungefähr wie der Mond bei Tage aus; doch schien er nicht scharf rund, sondern wie gezackt. Ich sah, dass er sich oft hinter Wolken verbarg.* [105]

Viele Astronomen und anthroposophische Autoren haben sich zu der Frage geäußert, ob Johann Keplers Vermutung, bei dem Stern habe es sich um eine Nova gehandelt, die zeitgleich mit der dreifachen großen Konjunktion der äußeren Planeten Saturn und Jupiter in den Fischen im Jahr 7 v.Chr. auftrat, tatsächlich auf den Stern von Bethlehem zutreffen könne. Walther Bühler stellte sich 1982/83 die schwere Aufgabe, alle damals bekannten Äußerungen unter gleichzeitiger Berücksichtigung astronomischer und spiritueller Gesichtspunkte zu bündeln. Seine Schlussfolgerungen beruhen leider auch auf der irrtümlichen Ansicht, die Anbetung der Weisen in Bethlehem und der Tod des Herodes hätten sich unmittelbar bei der Geburt des salomonischen Knaben im Jahre 1 (bzw. März 7) vor Chr. ereignet.[106] Wir haben gesehen, dass die Chronologie des Jesuslebens anders liegt, als es sehr viele Autoren vorausgesetzt haben.

Unsere Überzeugung wird überraschenderweise von modernen Erkenntnissen untermauert. So hat neuerdings Michael Hesemann nach Forschungen des britischen Astronomen Mark Kidger glaubhaft gemacht, es habe tatsächlich eine Supernova gegeben, die nach chinesischen und koreanischen Quellen von Mitte März bis Ende Mai des Jahres 5 vor Chr. im Sternbild Adler beobachtet wurde;[107] damit werde die Bemerkung der Weisen im Protevangelium bestätigt: *Wir haben gesehen, wie ein überaus großer Stern unter diesen Sternen aufstrahlte und die anderen verdunkelte.*[108] Kidger geht noch weiter, indem er vier signifi-

105 A.K. Emmerich 1954 S. 37.

106 W. Bühler, Der Stern der Weisen, Stuttgart 1983 S. 16–18; O. Edwards, 1978.

107 M. Hesemann, 2009 S. 70 ff; er berücksichtigt konsequent den zweijährigen Abstand; vgl. *H. Krause-Zimmer*, Christian Rosenkreutz, Kap. IX: Die Sternenschrift des Jahres 1604, Dornach 2009 S. 166.

108 Protevangelium K. 21, Apokryphe Kindheitsevangelien 1995 S. 136; vgl. Anhang 3.

kante Himmelsereignisse als Anlass für die Reise der Magier nennt. Die schon früher oft erwähnte dreifache Jupiter-Saturn-Konjunktion von Anfang Mai des Jahres 7 vor Chr. zeigte den Weisen lediglich an, dass in Israel (Saturn) ein neuer König (Jupiter) geboren würde. Ihren Weg antreten konnten sie erst zwei Jahre später bei dem vierten Ereignis, dem Aufflammen der Supernova im Mai 5 vor Chr. – die zwei Jahre Distanz sind genau die Zeitspanne, die Matthäus angibt! So ist neuerdings Johann Keplers Behauptung bestätigt, der Stern sei eine Nova gewesen, wenn auch nicht zeitgleich mit der dreifachen großen Konjunktion. Aber nicht nur das.

Hesemann kann aus weiteren Beobachtungen folgern, dass die Weisen im Verlauf des Mai (die Supernova soll von Anfang März insgesamt 76 Tage zu sehen gewesen sein) nach Jerusalem kommen und nach dem neugeborenen König fragen. Dazu passt die Zeitangabe im alten armenischen Festkalender (und im Bericht der Pilgerin Egeria aus dem Jahre 383), wonach das Fest der Unschuldigen Kinder von Bethlehem am 18. Mai gefeiert wurde. Auch über den Kindermord steht bei Hesemann Interessantes zu lesen: Dieser sei keine Erfindung des Matthäus, sondern habe wirklich stattgefunden, obwohl Josephus nichts davon berichtet. Da die Einwohnerzahl Bethlehems sehr gering war, seien etwa 10 bis 20 Säuglinge umgebracht worden – eine im Vergleich zu den übrigen Schandtaten Herodes' kleine Zahl, die dem Historiker nicht erwähnenswert schien, aber sich auf die Anspielung in einer spätjüdischen, vielleicht sogar essenischen Schrift stützen kann.[109]

Wir tragen keine Bedenken, das Himmelsereignis als Begleiterscheinung der gewaltigen geistigen Entscheidungen zu sehen, die von langer Hand in der Entwicklung Zarathustras vorbereitet worden waren. Die neuen Forschungsergebnisse und die Angaben des Geistesforschers fügen sich zu einem grandiosen Panorama, das Irdisches und Himmlisches, Sichtbares und Unsichtbares umspannt.

Von dem Stern und den Weisen spricht Steiner immer wieder in Vorträgen der zweiten Jahreshälfte 1909.[110] Den Namen Zarathustra erklärt er als »Goldstern«: es sei kein gewöhnlicher Stern, sondern die

109 In der dem 1. Jh. entstammenden »Himmelfahrt des Moses« ist die Rede von einem *frechen König, der nicht aus dem Geschlecht der Priester stammt, der Alte samt den Jungen schonungslos tötet* (P. Riessler 1928 S. 489); M. Hesemann 2009 S. 74.

110 So am 9. und 19. November sowie am 7. Dezember 1909 in GA 117, Dornach 1966 S. 49, 144 u. 186.

Individualität Zarathustras selbst gewesen, die in Gestalt des Sterns die Magier nach Bethlehem führte.

Damit sich die Volksentwicklung seit Abraham in einem Menschen zusammenfassen konnte, musste sie auf seelische Art wiederholt werden. Darum folgen die Weisen dem Weg, den Abraham von Ur in Chaldäa aus gegangen ist: *Den Weg, den Abraham gemacht hat, den geht geistig der Stern, dem die Magier folgen: das ist der sich inkarnierende Zarathustra selber, der da den Weg geht, den Abraham gegangen ist, und er senkt sich nieder über der Geburtsstätte.*[111] Der Zug des Judenvolkes nach Ägypten (durch Joseph, den seine Brüder verkauft hatten) war für das Zarathustra-Ich darum so wichtig, weil er seinen Ätherleib als Ergebnis der persischen Inkarnation an Moses[112] und seinen Seelenleib an Hermes Trismegistos vererbt hatte, der die ägyptische Kultur begründete.[113]

Auch in weiteren Vorträgen spricht Steiner über die Wiederholung des Volksschicksals im Leben des salomonischen Jesus: *Da war zunächst … das Ich des Zarathustra den Weg geführt worden, wiederholend im Geist, den Abraham gegangen war bis nach Palästina herein. Dann hatte das althebräische Volk den Weg suchen müssen nach Ägypten hinüber. Hinübergeleitet war es durch die Träume des alten Joseph. Jetzt wurde das Ich, das in den bethlehemitischen Jesusknaben hineingeboren war, durch die Träume – wieder eines Joseph – hinübergeleitet nach Ägypten … Wiederholend im Geiste macht dieses Ich des Zarathustra das ganze Schicksal des althebräischen Volkes durch im Leibe des Jesus. Da geht es hinüber nach Ägypten und wiederum zurück nach Palästina.*[114] Als die Zarathustraseele des salomonischen Jesus von den ägyptischen Mysterienlehrern unterwiesen wird, sammelt sie gleichsam die Früchte ihrer früher gespendeten Gaben wieder ein.

Die Frage nach dem Wesen des Sternes erhält durch Rudolf Steiners Erklärung die einzig befriedigende Antwort, schon wenn er 1904 den Stern selbst als Christus-Ich deutet: *Wodurch werden nun die heiligen drei Könige geführt, und wo werden sie hingeführt … Von einem Stern geführt sein, heißt nichts anderes, als die Seele selbst als einen Stern sehen … Was den Magiern leuchtet, ist nichts anderes als die Seele des Christus selbst … Die*

111 R. Steiner am 9. November 1909 in Berlin, GA 117.

112 Moses erhielt dadurch die Fähigkeit, auch die vor seiner Inkarnation verlaufene Zeit der Menschheitsgeschichte zu beschreiben.

113 R. Steiner am 2. September 1910 in Bern, GA 123.

114 Am 7. Dezember 1909 in München, ebenfalls in GA 117.

Grotte ist nichts anderes als das, worin die Seele wohnt: der Leib ... So sieht man also den menschlichen Körper als Grotte ... und so leuchtet in dem Körper des Jesus ... die Christus-Seele als ein aurischer Stern, und der führt die Initiierten der drei Rassen zu Jesus nach Bethlehem. [115] Wenn Steiner bei der Anbetung der Könige statt vom Haus von einer *Grotte* spricht, so dürfte dies darin begründet sein, dass er 1904 die Geburtsstätten der beiden Jesusknaben noch nicht unterscheidet. Dass es sich um zwei verschiedene Geburtsgeschichten handelt, erkannte er erst fünf Jahre später.[116] Er hätte ebenso gut von dem *Haus* sprechen können, zu dem die Weisen geführt wurden, auch das Haus ist ja ein Bild für die leibliche Hülle der Seele.

Wenn Steiner 1904 den Stern als Seelenaura Christi und einige Jahre später als Individualität Zarathustras erklärt, so stellt dies keinen Widerspruch dar, denn es ist das Zarathustra-Ich, das in den Jesusleib einzieht und darin bis zum 13. Lebensjahr bleibt. Steiners tiefer blickender Geist konnte in dem Stern die Christuswesenheit erkennen, die sich anschickte, durch die Zarathustra-Wesenheit in Verbindung mit Jesus zu treten. Hier liegt der Kern des großen, von Steiner für unsere Zeit erneuerten Geheimnisses. Im Jesusknaben der salomonischen Linie verkörpert sich die Individualität des Zarathustra, in dessen Geist sich die Essenz des tiefsten und weitesten Wissens versammelte, das ein Mensch je zu erlangen vermochte. Er, der größte Eingeweihte der Menschheit, erklärte seinen Schülern ihr Verbundensein mit dem Geist, indem er ihnen die geistige Substanz der Welterscheinungen, das Göttliche in der Außenwelt zeigte: *Kraft und Tüchtigkeit und Sicherheit für das äußere Wirken zu erzeugen ... war die Mission des Zarathustra: Mit jedem Atemzuge saugst du göttlichen Geist ein; mit jedem Atemzuge magst du dem großen Geiste ein Opfer bringen, indem du ausatmest.* [117] Zarathustrische Weisheit spiegelt sich beispielsweise bereits in Jesu Kindheit, wie außerbiblische Quellen darstellen, wenn der Knabe voller Empörung

115 R. Steiner am 30.12. 1904, Das Dreikönigsfest, in Beiträge zur R. Steiner-Gesamtausgabe Nr.60, Dornach 1977 S. 6f.; ähnlich im Kunstvortrag vom 2. Januar 1917 in GA 292.

116 H. Wiesberger, Zusammenstellung der Vorträge R. Steiners in Beiträge zur Rudolf-Steiner-Gesamt-Ausgabe Nr.8 1962 S. 36 sowie H. Krause-Zimmer, kommentierende Überschau in: Mitteilungen aus der anthropos. Arbeit in Deutschland Nr.163, Ostern 1988.

117 R. Steiner am 19. September 1909 in GA 114.

davonläuft, als ihm ein Lehrer nur die Form der Buchstaben, aber nicht die Bedeutung der einzelnen Laute erklären kann. Später bekundet Jesus seine umfassende Weisheit und eine höchst erstaunliche Geistesgegenwart bei der Konfrontation mit den Schriftgelehrten, als er sich ihnen in jeder Hinsicht gewachsen zeigt und jede Fangfrage schlagfertig ad absurdum führt (vgl. u.a. Mk 12).

Zum Verständnis des Sterns sei an jene Erfahrung erinnert, die ein außergewöhnlicher Mensch mit seinem persönlichen Genius gemacht hat. Nikolaus von Flüe, der berühmte Schweizer Nationalheilige, hat es selbst einem Zeitgenossen erzählt, wie er sich an sein vorgeburtliches Dasein erinnerte: er habe *im Mutterleib, ehe er geboren ward, einen Stern am Himmel gesehen, der die ganze Welt durchschien, und seit er im Ranft wohne* (in der Einsiedelei, wo er die letzten zwanzig Jahre seines Lebens ohne Nahrung zubrachte)*, habe er stetsfort einen Stern am Himmel gesehen, der ihm gleich wäre, so dass er sicher glaube, er möchte es sein.*[118]

118 Nach R. Durrer, Bruder Klaus 1917–1921, zit. nach W. Nigg, Die Heiligen kommen wieder, Freiburg 1973 S. 120.

Werden und Weiterwirken Zarathustras

Nach einer Mitteilung Steiners erlebte die große Individualität Zarathustras seit Beginn der nachatlantischen Zeit eine Reihe von wesentlichen Inkarnationen, indem sie sich während der indischen Kulturepoche siebenmal verkörperte. In diesen sieben Leben war es Zarathustra möglich, nacheinander die Weisheit der sieben heiligen Rishis aufzunehmen, von denen jeder einen Abschnitt der indischen Kultur inspirierte. Eine achte Inkarnation in einem total behinderten Leibe schloss ihn von jeder Beziehung zur Außenwelt ab, doch erwachte in ihm die Erinnerung an die Lehren der Rishis.[119] Aus dieser Zwischeninkarnation schöpfte er die Kraft, in seinem nächsten Leben die persische Kultur zu begründen: am Beginn der persischen Kulturzeit um 5000 vor Christus beriet er den König Gushnasaph und half ihm, die Religion zu erneuern. Den Gründer (oder Erneuerer) der persischen Kultur nennt man auch den *älteren Zarathustra* im Unterschied zu dem jüngeren Zarathustra (oder Zaratas bzw. Nazaratos), der im 6. vorchristlichen Jh. die Wirksamkeit des älteren Zarathustra fortsetzte, als er in Babylon viele Schüler um sich scharte. Durch diese Schüler, zu denen auch die drei Magier gehörten, kam Zarathustra in erste Berührung mit dem Judentum. Denn als die Perser unter Kyros das babylonische Reich eroberten, wurde er *als ein großer Lehrer der chaldäischen Mysterienschulen* in Babylon zum Lehrer der führenden Juden, der *einfließen ließ in das hebräische Volk diesen orientalischen Einfluss … Und so hat er schon damals vorgearbeitet, um eine geeignete Leiblichkeit zu finden.* Als seine früheren Schüler hatten die Weisen *eine ungeheure Anhänglichkeit zu der Individualität des Zarathustra* entwickelt, in der sie *den Stern der Menschheit …, einen Abglanz der Sonne selbst* sahen.[120] Nazaratos weckte in seinen Schülern eine starke Sehnsucht nach dem Zarathustra-Stern. Dieses Erwecken spiegelt sich im Arabischen Kind-

119 R. Steiner am 25. Mai 1909 in GA 109.

120 R. Steiner am 9. November 1909 in GA 117 und am 19. September 1909 in GA 114.

heitsevangelium, wo es heißt: *als der Herr Jesus zur Zeit des Königs Herodes in Bethlehem in Judäa geboren war, siehe, da kamen Magier aus dem Morgenland nach Jerusalem, wie es Zeraduscht vorausgesagt hatte.*[121] Denn er hatte seinen Schülern anvertraut, er selber werde nach 600 Jahren wiederkommen: *Das Geheimnis von diesem Wiedererscheinen war ihnen bekannt; das lebte sozusagen wie etwas, was ihnen von der Zukunft hereinschien.*[122] 600 Jahre danach war die Zeit reif für den neuen Einschlag, sein Wesen erscheint als Stern und ruft in ihnen das spontane Vertrauen zu seiner Führung wieder auf. Als er sich als Nazaratos verkörperte, war dies seine letzte Inkarnation, bevor er in dem salomonischen Jesus wieder erschien, durch den sich der Christus mit seinem Volk verband – ein Vorgang, den Rudolf Steiner einmal andeutet: *Wie die Lehre des Buddha und des Zarathustra, so ist auch das Wesen des hebräischen Volkes eingeflossen in das Wesen des Christus Jesus.*[123]

Die Zeit nach Nazaratos war *für die chaldäischen Geheimschulen* erfüllt *von den Traditionen, Zeremonien und Kulten* zu Ehren der Inkarnation Zarathustras in Nazaratos, dessen Wiederkommen seine Schüler erwarteten: *sie warteten sehnsüchtig auf die nächste Inkarnation ihres großen Lehrers und Führers.*[124] Von dieser Sehnsucht sprechen die altpersischen »Testamente Zarathustras«, auf die ein nestorianischer Hymnus anspielt. Darin fragt Herodes die vor ihm erscheinenden Weisen: *Wer hat euch offenbart, dass (dieses im Judenland geborene Kind) ein König ist?* Die Männer antworten: *Aus dem Geschlechte unserer Väter wurde ein weiser Mann geboren, Zarduscht war sein Name … dessen Weisheit alle Weisen unserer Zeit übertraf, und dieser schrieb in seinen Testamenten über diesen König und über den Stern … und überlieferte es der Schar seiner Schüler: »Dieser König wird von einer Jungfrau geboren aus Judas Samen; er ist ein wirklicher König, den alle Könige anbeten. Und siehe, ein Stern geht auf und strahlt, so dass er euch Führer sein wird. Nehmet Weihgeschenke in eure Hände und Glauben in eure Herzen, gehet und fallt vor ihm nieder, betet ihn an und bringt ihm eure Geschenke dar.«*[125]

121 ARABISCHES KINDHEITSEVANGELIUM Kap. 7, in Apokryphe Kindheitsevangelien 1995 S. 177.
122 R. STEINER am 6. September 1910 in GA 123.
123 R. STEINER gegen Ende des Vortrags vom 19. November 1909 in GA 117.
124 R. STEINER am 6. September 1910 in GA 123.
125 A. RÜCKER in Oriens Christianus 1923 S. 39 f.

Näheres über den Stern weiß der zweite Hymnus, der das Land Persien anspricht:[126] *Ein Stern wandelte am Himmel, indem er seine Bahn nach dem Lande Persien nahm, und es war in ihm das Bild eines Weibes, und an ihrem Busen war ein Kind, welches sie stillte. Und geschrieben standen auf ihm die Worte: Dieses ist ... der König der Könige. Und durch sein Licht lud er die Magier ein, den König aufzusuchen ... Erhebe dich, Persia, erhebe dich, du Verirrte. Warum schläfst du auf dem Lager des Heidentums und der chaldäischen Verirrung?* Viele syrische Schriften lauten ähnlich. Ishodad von Merv erklärt die Erscheinung des Sterns als *nicht subjektiv*, vielmehr habe wirklich ein Engel die Gestalt des Sterns angenommen und die Magier geführt.[127] Das stimmt zu Matthäus, der erwähnt, die Weisen seien *»aus den Ländern des Ostens«* (2,2) von dem Stern nach Bethlehem geführt worden. Damit hat er entweder Persien im Sinn, wo es Magier, sternkundige Weise gab, oder Chaldäa.

Auch in einer späteren Überlieferung der nestorianischen Kirche, die sich jahrhundertelang in Syrien und Persien behauptet hat, spiegelt sich anschaulich das große Ereignis: Als im 13. Jh. der Metropolit Mar Salomon von Basra das Kommen und die Wiederkunft Christi beschreibt, zitiert er eine Weissagung, die Zaradoscht (= Zarathustra) dem persischen König Gushnasaph als seinem Schutzherrn und zwei weiteren auserlesenen Schülern anvertraut hatte: *Ein Kind wird empfangen im Schoß einer Jungfrau ... Und die Bewohner jenes Landes werden ihn bekämpfen, um ihn auszurotten von der Erde, aber es wird ihnen nicht gelingen. Dann werden sie ihn ergreifen und an ein hölzernes Kreuz schlagen ... Er wird hinabsteigen in die Tiefen der Erde und aus der Tiefe wird er auffahren in die Höhe. Dann wird er kommen mit den Heerscharen des Lichtes und wird auf weißen Wolken einherfahren, denn er ist das Kind, das empfangen wurde durch das »Wort«, den Erschaffer aller Wesen.* Als der König fragt, ob Zaradoscht etwa größer sei als jener, antwortet dieser: *Von meinem Stamme wird er sein. Ich bin er und er ist ich. Er ist in mir und ich in ihm ... Ihr sollt das Kommen dieses großen Königs zuerst bemerken ... Wenn jener Stern aufgeht, von dem ich euch sprach, so sollt ihr Gesandte senden, die mit Geschenken beladen sind, um ihn anzubeten ... Und ich und er, wir sind*

126 A. Rücker 1923, zit. von Th. Maurer 1948 S. 403 und in »Oriens Christianus« 1923 S. 45.

127 Th. Maurer 1948; zur Bischofsstadt Merv vgl. C. Baumer, Frühes Christentum zwischen Euphrat und Jangtse, Stuttgart 2005 S. 36.

eins.[128] Das Mysterium der Inkarnation Zarathustras in dem älteren Jesusknaben war also im Mittelalter einem Teil der Christenheit noch sehr gut bekannt, wie die Wendung *»ich und er, wir sind eins«* in der Schilderung des Nestorianers bezeugt.

Wir sind es gewöhnt, von drei Königen zu sprechen. Doch ihre Dreizahl war nicht geläufig, man erschloss sie später aus den drei Gaben; erst Papst Leo der Große (5.Jh.) setzt drei Magier voraus. Im 9. Jh. spricht Ishodad von Merv in seinem Evangelienkommentar von drei Königen, die er von neun Würdenträgern begleiten lässt.[129] Auch ihre Namen sind verschieden überliefert; in der »Schatzhöhle« Ephräms des Syrers werden ganz andere Namen genannt, als wir sie kennen.

128 Auszugsweise zitiert nach E. Bock 1994 S. 72.
129 Th. Maurer 1948 S. 403.

Krishna und die himmlische Adamseele

Außer über die vorangegangene Entwicklung des matthäischen hat Rudolf Steiner auch zur Entwicklung des lukanischen Knaben aufschlussreiche Einzelheiten mitgeteilt. In dem lukanischen Jesus inkarniert sich zum ersten Male die himmlische Adamseele auf der Erde. Von ihr ist bekannt, dass sie beim Sündenfall in der geistigen Welt verblieb und den Paradieseszustand bewahrte bis zu ihrer ersten Verkörperung, vor der sie niemals eine irdische Inkarnation durchschritten hatte. In ihr lebte kein volles Ich, sondern nur eine *Ich-ähnliche Seele.*[130] Das *provisorische Ich*[131] der reinen Adamseele war *wie eine leere Kugel …, noch vollständig jungfräulich … gegenüber allen Erdenerlebnissen.*[132] Ihre himmlische Unbescholtenheit besingt in vielen Facetten der heilige Gesang der Inder, die berühmte Bhagavad Gita. Sie berichtet, wie es durch das huldvolle Entgegenkommen der himmlischen Mächte dem lichten Helden Arjuna als Vertreter der Menschheit möglich wird, den erhabenen Gott Krishna, als irdische Erscheinung des Gottes Vishnu, mit Menschenaugen zu erblicken und seine Ratschläge zu verstehen. Der Prinz Arjuna will sich einem notwendigen Kampf entziehen, da er im gegnerischen Heer viele Verwandte erblickt, deren Blut er keinesfalls vergießen will. Doch in langen Gesprächen ermutigt der göttliche Krishna den Prinzen, den Bogen zu ergreifen und den Kampf aufzunehmen. So ließ sich die Seele der Inder durch die Gita anspornen zum tätigen Ergreifen ungeliebter Erdenaufgaben.

Der jüdischen Esoterik war die Tatsache bekannt, dass die himmlische Adamseele im Paradies fortlebte. Da man das Paradies im Osten der Erde suchte, nannte man diese Seele den »östlichen Adam« (hebr. Adam Kadmon). Der Adam Kadmon stellte als »Makroanthropos« am Himmel das Urbild des Menschen dar, nämlich im Tierkreis, nach dessen zwölf Sternbildern sich die irdische Menschengestalt in zwölf

130 R. Steiner am 1. Januar 1913 in GA 142.
131 R. Steiner am 18. September 1909 in GA 114.
132 R. Steiner am 12. Oktober 1911 in GA 131.

Regionen gliedert, vom Widder (Kopf) bis zu den Füßen (den Fischen). Zur Zeitenwende ereignete sich das schwer Begreifliche, dass in einem Erdenmenschen das vollständige Abbild dieses himmlischen Wahrbildes erschien, vorbereitet durch mehrere provisorische Inkarnationen bei Henoch und in Indien durch Krishna: *Diese Schwesterseele des Adam war verkörpert im Krishna sozusagen das einzige Mal, wo sie erscheinen musste, um auch physisch sichtbar zu werden, und dann wiederum wurde sie im Lukas-Jesusknaben verkörpert.* [133] Kurz darauf heißt es in demselben Vortrag, die Adamseele habe gleich nach dem Tod auf Golgatha dem Christus wieder zur Verfügung gestanden: *Als Paulus seine Erscheinung vor Damaskus hat, da ist dasjenige, was ihm erscheint, der Christus. Der Lichtschein, in den sich der Christus kleidet, ist der Krischna. Und weil der Christus den Krischna zu seiner eigenen Seelenhülle genommen hat, durch die er dann fortwirkt, ist … in dem Christus auch alles das, was einstmals Inhalt der erhabenen Gita war.*

Schon zu Beginn desselben Vortrags hatte Steiner den grundsätzlichen Unterschied zwischen der Lehre Krishnas, die sich stets an die einzelne Seele *in strenger Abgeschlossenheit* wendet, und dem Christusimpuls erklärt, der sich von vornherein *an die ganze Menschheit* richtete aufgrund der Tat von Golgatha und *eine Gemeinsamkeitssache im allergrößten Maße* sei. Diesem Impuls folgte Paulus, weshalb der Stil der Paulusbriefe ganz anders sein musste als der Stil der erhabenen Gita. Als Beispiel führt Steiner an, wie Krishna den Arjuna lehrt, durch Yoga sich stufenweise dahin zu entwickeln, den Krishna sehen und verstehen zu können, während Paulus den Korinthern zeigt, *wie die verschiedenen menschlichen Gaben*, die sich in einer Menschengruppe finden, *zusammenwirken müssen … wie die Glieder eines Menschenleibes zusammenwirken, dann ergibt das auch geistig ein Ganzes, was geistig ganz von dem Christus durchdrungen sein kann.*

Einige Monate später beleuchtet Rudolf Steiner das Inkarnations-Rätsel der Krishna-Seele genauer, die *nur erkennbar* [*war*] *solchen hellsichtigen Zuständen*, die an bestimmten Orten geübt wurden: *Durch jene*

133 Im letzten der Kölner Paulus-Vorträge am 1. Januar 1913 in GA 142. Dieser Vortrag – eine »Neujahrsgabe« für die gerade im Entstehen begriffene Anthroposophische Gesellschaft – bot Steiner die erste Gelegenheit, das Thema Krishna anzusprechen.

besonderen Umstände, unter denen die Arjunaseele all das um sich herum wahrnahm ..., indem sie fühlte, was sich damals in Kurukshetra abspielte, auf dem Schlachtfelde, wo die Kurus und Pandus sich gegenüberstanden, da ereignete es sich, dass durch die Seele des Wagenlenkers des Arjuna diese bestimmte eigentümliche Seele sprach. Und die Erscheinung dieser Seele, sprechend durch eine Menschenseele, das ist der Krishna ... Früher war diese Seele oftmals ... zu schauen, aber in viel geistigerer Art. In dem Zeitpunkte aber, von dem uns der erhabene Sang, die göttliche Gita verkündet, ist zu denken eine Art Verkörperung ... Das Wunderbare vollzieht sich, dass dasjenige, was des Menschen Innerstes ist, sein eigentliches Selbst, was wir ... als Impuls haben aufblitzen sehen in dem Krishna-Impuls, den Jesusknaben durchdringt, der uns geschildert wird im Lukas-Evangelium.[134]

In dem zitierten Kölner Vortrag bezeichnet Steiner Krishna als den *besten Lehrer für das menschliche Ich* – eine Fähigkeit, die Krishna als der zweiten Person der indischen Götter-Trinität zukam – ähnlich wie Christus, der die Aufgabe erhielt, das Menschen-Ich zu durchgeistigen. Es war ein weiter Weg dahin. Vorerst wurde die himmlische Adamseele in den Mysterien *gehegt und gepflegt, wurde hinausgeschickt da, wo es Wichtiges in der Menschheit gab* und *erschien denn auch wirklich ... wiederholt innerhalb der Meschheitsentwicklung,* musste aber damals eine *Ersatzverkörperung* annehmen: *Diese Schwesterseele war ... dazumal nicht im strengen Sinn des Wortes zum erstenmal wie ein physischer Mensch inkarniert, sondern sie war vorher prophetisch inkarniert einmal schon ... beim Übergang der Menschheitsentwicklung vom 3. ins 4. nachatlantische Zeitalter.*[135] Hier spielt Steiner auf die oben erwähnte Tatsache an, dass zu Beginn der 4. Kulturepoche ein tiefer Einschnitt in die menschliche Bewusstseinsgeschichte erfolgte, als im 8. Jahrhundert die Uroffenbarung aufhörte und das alte Hellsehen erlosch.[136] Die Worte spiegeln Steiners Hochachtung vor der Wesenheit des göttlichen Krishna wider und zugleich seine tiefe Ehrfurcht vor der Größe des Christus, der sich aus ureige-

134 Vortrag in Helsingfors vom 3. Juni 1913 in GA 146.

135 R. Steiner am 1. Januar 1913 in GA 142.

136 Offiziell gilt in Indien als Todesdatum Krishnas der 17. Februar 3102 vor Chr., der Beginn des bösen Weltalters, des Kali Yuga, das 1898 zu Ende ging. Sachverständige nehmen als Entstehungszeit der Gita die Zeit vor dem 3. Jahrhundert an, s. R. Boxberger, Bhagavad Gita – das Lied der Gottheit, hg. von H. von Glasenapp, Stuttgart 1955 S. 4.

nem Helferwillen schon vom Himmel her des unfertigen Menschenwesens annahm. Mehrfach sprach Steiner in den Jahren 1913 und 1914 von einer *Ersatzverkörperung* der Adamseele in Krishna. Wohl ein letztes Mal berührt Steiner in verkürzter Art das Vorleben des Jesusknaben in einem Münchner Mitgliedervortrag: *Die Beziehung zu Krischna war nicht eine richtige Verkörperung, sondern eine stellvertretende Verkörperung.*[137]

Hierzu gehört die Tatsache, dass die himmlische Adamseele aus der geistigen Welt heraus schon lange an der Harmonisierung des Menschenwesens arbeitete, als sie in der lemurischen Zeit die menschlichen Sinnesorgane und in der atlantischen Zeit die **Lebensorgane** ordnete, die außer Atem- und Blutkreislauf auch die **Stoffwechselvorgänge** steuern. Als nächste Korrektur brachte sie die **Seelenkräfte** Denken, Empfinden und Wollen ins Gleichgewicht, die sonst ein Eigenleben entfaltet und darum dem Menschen nicht als selbstlose Werkzeuge gedient hätten. Für diese helfenden Eingriffe der himmlischen Adamseele gebraucht Rudolf Steiner wechselnde Ausdrücke: sie habe sich dreimal in Erzengelgestalt *verseelt* bzw. *verseligt*, oder sie sei durch ihre Entwicklung befähigt gewesen, *in der geistigen Welt eine Zeitlang durchsetzt zu sein von der Christus-Wesenheit.*[138]

In der nachatlantischen Zeit spiegelte sich diese dreifache Durchdringung in drei umfassenden Kulturtaten: Die erste Durchdringung fand ihr Echo in der persischen Zeit, als die himmlische Adamseele in Zarathustra die Durchgeistigung der leiblichen Sinne anregte, vor allem des Sehsinns. Dieses Durchlichten der menschlichen Sinne interessiert uns besonders, denn damals begegneten sich die beiden späteren Jesusseelen ein erstes Mal, als die himmlische Adamseele Zarathustra als den Führer der persischen Kultur zu seinen Wohltaten an der Natur inspirierte, so dass er wilde Tiere zähmen und Getreide aus einfachen Wildgräsern züchten lernte.

Die Durchseelung der Lebensorgane spiegelte sich in der chaldäisch-ägyptischen Zeit, als die Abhängigkeit des Menschen von den kosmischen Kräften der Gestirne Eingang in das Weltbild fand. Und die Durchgeistigung der Seelenkräfte fand ihren Niederschlag zu Beginn der griechischen Kulturzeit, als Apollon in Delphi den Python-Drachen besiegte und den Weg für eine reine Selbsterkenntnis öffnete.

137 Vortrag vom 30. März 1914 in GA 152.

138 Vortrag vom 30. Dezember 1913 in GA 149.

Aufs Beste beschreibt Emil Bock diese dritte Hilfe, die Ordnung in die noch chaotisch flutenden Seelenkräfte brachte: *Durch die Gestalt des Drachenüberwinders schimmert die Christuswesenheit hindurch; in seiner goldenen Rüstung deutet sich der sonnenhafte Lichtleib des »Adam vor dem Sündenfall« an, der dem Christus als Hülle für seine heilenden Menschheitstaten diente.*[139]

Steiner hat die Verbindung der himmlischen Adamseele mit Apollo mehrfach dargestellt, zuerst Ende Dezember 1913 in Leipzig, wo er Apollo als Vorausbild für Jesus den großen »überirdischen Heiler« nennt, der das richtige Zusammenspiel von Denken, Fühlen und Wollen ermöglichte, indem er dem Menschengemüt durch das Mittel von Musik und Gesang die harmonisierenden Kräfte erschloss. Voll verkörperte sich der überirdische Heiler in Jesus, dessen Name übersetzt bedeutet »der durch Gott Heilende«: *Es ist der nathanische Jesusknabe, der durch Gott Heilende, Jehoschua Jesus.*

Fast genauso schildert Steiner die drei Christusopfer wenige Wochen danach in Berlin, geht aber hier ausführlich auf *die Harmonisierung im Ich* ein, die sich auf Golgatha ereignete, als das Blut Christi in den Ätherleib der Erde eindrang, denn *diese Äthersubstanz erglänzt, erhellt, erflimmert in dem Ätherleibe und – man empfindet es so nach dem Tode – zeigt sich so, dass der Mensch weiß: Da ist frisch keimendes Leben, welches den Menschen lebensfähig der Zukunft entgegenführt.*[140] Einige Monate später fasst er in Basel seine neuartige Christologie folgendermaßen zusammen: *Die Theologen von heute wissen nichts mehr davon, aber die ersten Zeiten des Christentums … wussten es noch, dass die alten griechischen Weisen, wenn sie auch vielleicht nicht den Namen des Christus angewandt haben, doch, wenn man gefragt hätte: Wer war Apollo? – aus ihrem Mysterienwissen heraus geantwortet hätten: Der große Sonnengeist, der später in einem Menschen leben wird, der tritt in Apollo uns so entgegen, daß er wie in einer Erzengelgestalt in ihm verseelt ist.*[141]

139 E. Bock, 1994 S. 79.

140 R. Steiner am 30. Dezember 1913 (GA 149) und am 10. Februar 1914 (GA 148).

141 R. Steiner am 1. Juni 1914 in GA 152.

Johannes und die irdische Adamseele

Haben wir bis hierher die komplizierten Inkarnations-Bedingungen der himmlischen Adamseele verfolgt, so wollen wir nun Klarheit über die karmische Verbundenheit des nathanischen Jesus mit dem **Johannesknaben** gewinnen. Wodurch konnte zwischen ihnen diese starke Anziehungskraft wirken, dass sie sich schon vor ihrer Geburt in der Begegnung ihrer Mütter begrüßen konnten? Woher, aus welchen Daseinsbedingungen kam Johannes?

Sehr oft hat Rudolf Steiner über die frühere Inkarnation der Johannes-Individualität in Elias gesprochen. Bisweilen führte er diese Inkarnationsreihe zurück bis auf Pinehas, aber sie reicht noch weiter, und davon spricht Steiner nur zweimal: Am Anfang der ganzen Reihe steht **Adam,**[142] der wegen des Sündenfalls das Paradies verlassen muss, von dessen Entscheidung die gesamte Menschheitsentwicklung abhängig wurde. Dieser Adam war also verschwistert mit der im Paradies verbliebenen himmlischen Adamseele, sie wurden durch den Sündenfall getrennt. Beide entstammten derselben großen *»Mutterloge der Menschheit«*, wie Steiner die zentrale geistige Leitung der Menschheit nennt.[143] Im Unterschied zu seiner Schwesterseele war diese Seele anfällig für egoistische Anwandlungen und konnte den Verlockungen des Paradieses nicht widerstehen. Später entwickelt er als Urvater der Menschheit seine positiven Anlagen: er erhält den Auftrag, die irdische Materie zu bearbeiten. Dadurch erlangt sein Sohn Kain mit seinen Nachkommen Ruhm als Städtebauer (Gen 4,17).

Außer Rudolf Steiner kennt auch die hebräische Überlieferung eine Vor-Inkarnation des Elias: in **Pinehas,** dem Enkel des ersten Hohenpriesters Aaron, der während der Wüstenwanderung unter Moses (um 1300 v. Chr.) für die religiöse Reinheit des Volkes eintrat. Jahve hatte geboten, jeden Israeliten zu töten, der dem Gott Baal Peor opferte (das

142 R. Steiner am 19. September 1909 in GA 114 und am 1. Jan. 1913 (GA 142).

143 R. Steiner gebraucht diesen Ausdruck nur in den beiden Vorträgen vom 18. und 19. September 1909 in GA 114 (insgesamt fünfmal).

Volk hatte soeben Bileams Segen empfangen, der diesem Gott anhing, vgl. Num 22–24). Als Pinehas sah, wie sich ein Israelit mit der Tochter eines midianitischen Fürsten in ein Zelt begab, griff er sich einen Speer und spießte das Paar auf: *da wurde der Seuche unter den Israeliten Einhalt getan. Die Zahl derer aber, die an der Seuche gestorben waren, belief sich auf vierundzwanzigtausend* (nach Num 25,8 f.). Die Tat des Pinehas stellt in Moses' Augen die Zuneigung Jahves zu seinem Volk wieder her, so dass Moses von Jahwe eine feste Zusicherung für Pinehas erhält: *Sage ihm daher: Siehe, ich gewähre ihm meinen Bund zum Heile und sichere ihm und seinen Nachkommen für immer die Priesterwürde zu. Dafür, dass er für seinen Gott eiferte, kann er den Sühneritus an den Israeliten vollziehen* (Num 25,12 f.) – eine Würde, die allein dem jüdischen Hohenpriester zukam. Eine rabbinische Erläuterung vermerkt zu dieser Stelle: Pinehas sei derselbe wie Elias und werde in den Tagen des Messias *als Engel des Bundes das hohepriesterliche Amt bekleiden.*[144] Das ist ein deutlicher Hinweis auf Johannes den Täufer, der *als Engel* dem Volk die Mission des Messias vermitteln und dadurch dem alten Bund seinen wahren Sinn wiedergeben wird. Die Gleichsetzung des Propheten mit dem hohepriesterlichen Messias zeigt allerdings, dass die gelehrten Rabbiner keinen Unterschied machten zwischen dem priesterlichen Messias und dem Propheten. Andererseits bestätigt der Hinweis, dass dieser Familie seit jeher das Priesteramt zustand, und so übte es ja auch der Vater des Täufers aus.

500 Jahre nach Pinehas trat dieselbe Individualität wieder als Kämpfer für die Mission seines Volkes auf. Denn ebenso wie jener Eiferer der Moseszeit setzte sich der Prophet **Elias** für die Reinheit der Gottesverehrung mit ganzer Kraft ein. Dies zeigte sich, als unter Salomos Söhnen das Reich zerbrochen und Elias als einziger Heilsvermittler in der Hungersnot übrig geblieben war; damals gewann er auf dem Berge Karmel allein den Wettstreit gegen die 400 Baalspriester. Sein Feuerwesen hat der ihm wesensverwandte Jesus Sirach beschrieben, ein Autor des 2. vorchristlichen Jahrhunderts: *Und der Prophet Elia brach hervor wie ein Feuer, und sein Wort brannte wie eine Fackel; er brachte die teure Zeit über sie und ließ sie durch seinen Eifer an Zahl hinschwinden. Denn durch das Wort des Herrn schloss er den Himmel zu; dreimal brachte er Feuer herab. O wie herrlich*

144 Strack-Billerbeck, Kommentar zum Neuen Testament aus Talmud und Midrasch 4.Bd II: Über den Propheten Elias nach seiner Entrückung aus dem Diesseits, zit. nach R. Meyer 1964 S. 202.

bist du gewesen, Elia … Du bist in einem Wetter hinweggenommen mit einem feurigen Wagen … (JesSir 48)[145] – gemeint ist der feurige Gotteswagen, der ihn am Jordan in den Himmel aufnahm (II.Kö 2,1–14).

Als Rächer tritt der Prophet vor Ahab, der sich auf Anstiften der Königin Isebel durch verleumderische Zeugen den Weinberg des Nabot angeeignet hat, und kündigt ihm sein klägliches Ende an (I.Kön 21). Rudolf Steiner deckte auf, dass Nabot mit Elia identisch ist: *In Elias tritt uns … der Geist des ganzen althebräischen Volks entgegen … Er ist zu groß …, um völlig wohnen zu können in der Seele seiner irdischen Gestalt, in der Seele des Naboth. Er umschwebt sie gleichsam wie in einer Wolke; aber er ist nicht nur in Naboth, sondern er geht herum wie ein Naturelement in dem ganzen Lande und wirkt Regen und Sonnenschein.*[146]

Bis in das innerste Wesen des Elias führt Rudolf Steiner in seinem Leipziger Silvestervortrag. In der Seele des Elias lebte die Erkenntnis: *Ich habe vor allen Dingen … den Jahve so zu verkünden, dass in dem Jahve der Christus lebt. Den durchchristeten Jehova verkündete Elias.* In seiner feurigen Seele besaß Elia alle erdenkliche Empathie für den starken Helferwillen der himmlischen Adamseele, der sich besonders in der dritten Christustat am Ende der atlantischen Zeit bekundet hatte. Daher wurde er *zum Boten für das nathanische Jesuswesen, wie es zunächst geistig von Westen nach Osten zog, um die Kulturen zu durchsetzen*, bevor es als der nathanische Jesus in Bethlehem geboren wurde. Auch in Bethlehem habe es eine Kultstätte für den Adoniskult gegeben, wo ebenso wie in Europa und Vorderasien bildhaft der Tod eines Jünglings und seine Auferstehung gefeiert wurde, ein Vorausbild für das Schicksal des nathanischen Jesus. Der prophetische Kult war gleichsam von West nach Ost gelangt, und Elia war ihm vorausgeeilt, um dem nathanischen Jesus als Bote zu dienen.[147]

Das Adam-Ich hatte auch in der Elia-Inkarnation seine unverbrüchliche Treue zu Jahve bewiesen. Nun fand es Wohnung in dem **Täufer Johannes**, von dem Verlangen durchdrungen, den Urfehler des Sündenfalles auszugleichen. In seinen Inkarnationen war er zum Vorläufer Christi herangereift unter der gleichen weisheitvollen Lenkung, welche die vorläufigen Inkarnationen der himmlischen Adamseele bewirkt

145 Zit. nach R. Meyer 1964 S. 10.
146 R. Steiner am 17. September 1912 in GA 139.
147 R. Steiner am 31. Dez. 1913 (GA 149).

hatte. Die Predigt des Täufers ist von allertiefstem Ernst durchdrungen, weil es sein Bestreben ist, die Seelen zur Sinnesänderung zu bringen, damit sie den Fall in die Leiblichkeit umwandeln können zum Aufstieg. Seine nicht vom Sündenfall belastete Bruderseele blieb als reiner Adam Kadmon im Paradies zurück. Den Ort, wo das *in Reserve zurückbehaltene* Ich des himmlischen Adam aufbewahrt wurde, nennt Rudolf Steiner – wie erwähnt – entweder die *Mutterloge der Menschheit* oder das *Tabernakel* (das dem Heiligsten, der geweihten Hostie, reservierte Gehäuse an katholischen Altären): *In einer wichtigen Mysterienstätte war es wie in einem Tabernakel aufbewahrt.* Als der nathanische Jesusknabe geboren wurde, war dies ein *Überleiten aus einem vorderasiatischen Mysterium, wo dieser Menschenkeim aufbewahrt war, in den Leib des nathanischen Jesusknaben.*[148]

Wer erfährt, wie nahe die beiden Adamseelen verwandt waren, dem stellt sich die Frage: Musste nicht in der irdischen Adamseele von Inkarnation zu Inkarnation die Sehnsucht nach ihrer Schwesterseele ständig zugenommen haben? Tatsächlich findet sich im Lukasevangelium eine Spur dieser Sehnsucht, denn als Maria zu Elisabeth kommt, *hüpfte* das Kind in ihrem Schoß (Lk 1,44); ein apokryphes Evangelium sagt genauer: *Siehe, das Kind in mir hüpfte und segnete dich.*[149] Johannes spürt die Nähe der seit dem Sündenfall von ihm getrennten himmlischen Adamseele; denn *was als Seelenwesen lebt im Jesus … und was als Ich im Täufer Johannes lebt, das steht von Anfang an in einer innerlichen Beziehung.*[150] Das wiederverkörperte Ichwesen des durch den Sündenfall gegangenen Adam erkennt die *Mutterseele der Menschheit*, das vom Sündenfall nicht berührte Seelenwesen des Adam Kadmon. Johannes, der kurz vor seiner Geburt stand, als Maria zu Elisabeth kam, wurde *angeregt durch die andere Leibesfrucht … denn es ist das Ich, durch welches das Kind in der anderen Mutter angeregt wird* – so erfahren wir aus dem Ende desselben Vortrags. Auch in Elisabeth löst die Begegnung etwas Neues aus; sie fühlt *die Erfüllung aller vom Herrn gegebenen Zusagen* (Lk 1,45) nahe. Die uralte Beziehung der getrennten Adamseelen ist neu erwacht. Die Begegnung wird zum Symbol ihres künftigen Zusammenwirkens.

148 Vortrag vom 12. Oktober 1911 in GA 131.

149 PROTEVANGELIUM DES JAKOBUS Kap. 12, vgl. Anhang 3 (aus Apokryphe Kindheitsevangelien, Freiburg 1995 S. 117).

150 R. STEINER am 19. September 1909 in GA 114.

Emil Bock nennt den Besuch Marias bei Elisabeth ein *einmalig-dramatisches Schicksalsmysterium,*[151] da zum ersten Mal seit dem Sündenfall sich der himmlische und der irdische Adam im Schoß ihrer Mütter wieder nahe kommen. Beide Mütter sind miteinander verwandt, wie wir aus dem Gruß des Engels bei der Verkündigung an Maria erfahren: *Siehe, auch Elisabeth, deine Verwandte, hat einen Sohn in ihrem Alter empfangen* (Lk 1,36); als *Tochter Aarons* gehörte sie wie Maria zum Stamme Levi. Maria bleibt bis zur Geburt des Johannes bei Elisabeth: *Was während dieser Zeit zwischen den Müttern herüber- und hinüberwebt, ist wie ein fortwährendes Sichsuchen und Sichfinden, ein unablässiges Wesensgespräch zwischen der Jesus- und der Johannesseele.*[152] Für Bock bleibt es rätselhaft, wie *nach dem ersten elementaren Überspringen des Funkens die Schicksale der beiden Seelen weitergehen* konnten, *ohne dass fortwährend die übermächtigsten Einwirkungen herüber und hinüber stattfinden,* und er versteht die Gemeinsamkeit, die sich zwischen beiden Müttern in den drei Monaten ihres Zusammenseins bis zur Geburt des Johannesknaben verdichtet, als einen Mantel, der das Ich Johannes des Täufers *durch die Nähe der Schwesterseele, »des zweiten Adam«,* umhüllt.[153] Auch an ihrem derzeitigen Wohnort, der nicht eindeutig zu bestimmen ist,[154] hatte Elisabeth einige *Verwandte,* die schon bei der Geburt des Johannes *sich mit ihr und ihren Nachbarn freuten* (Lk 1,58). Kommt den Madonnenbildern, die neben den beiden Jesusknaben als dritten den Johannesknaben zeigen, eine historische Realität zu, oder weisen sie auf die seelische Beziehung der drei Knaben?[155] Emil Bock beantwortet diese Frage selbst mit dem Hinweis, die Madonnenbilder mit mehreren Knaben wollten keine *äußere Biographie* geben. Während der Johannesknabe *in der überalterten Mondenwelt von Judäa die ihm gemäße landschaftliche Umgebung*

151 E. Bock, 1994 S. 194 ff. Abschnitt »Urverbundenheit«; vgl. hier unser Kapitel »Krishna und die himmlische Adamseele«.

152 E. Bock, 1994 S. 194.

153 E. Bock, 1994 S. 196.

154 Man hat an eine der 48 Levitenstädte gedacht, die über das Land verstreut lagen, etwa an Jutta oder En Kerem in Judäa. Jutta hieß eine bei der Landnahme erwähnte Levitenstadt (Jos 15,55), wie En Kerem 7 km von Jerusalem entfernt. Philologen vermuten, ein Abschreiber habe in Lk 1,39 den Namen *Jutta* mit *Juda* vertauscht, da Lukas sonst stets *»Judäa«* schreibe.

155 Vgl. das Einbandbild; ferner H. Krause-Zimmer 1969 S. 71–121 das Kapitel »Madonnen mit zwei und drei Knaben«.

findet, wächst der nathanische Jesusknabe in der *sonnenhaft gebliebenen Welt von Galiläa* auf: *Tatsächlich hat eine höhere Weisheit es eingerichtet, dass die beiden Kinder getrennt voneinander in zwei polarisch verschiedenen Landschaften aufgewachsen sind. Was Raphael und die anderen Maler offenbaren, ist ein seelisches Mysterium.*[156] Für beider Entwicklung war notwendig, dass sie getrennt aufwuchsen. Als Erwachsene konnten sie dann unbefangen einander begegnen (vgl. Mat 3,13–15), nachdem durch den Eintritt des Zarathustra-Ich in den nathanischen Jesus eine zusätzliche Entfremdung eingetreten war.

Dem »Leben Johannes des Täufers« zufolge lebte die *hochbetagte* Elisabeth nach dem Tod des Zacharias nur noch fünf Jahre. Bei ihrem Tod weinte Johannes sehr, da er – erst siebeneinhalb Jahre alt – nicht wusste, wie er sie begraben sollte. Doch der Herr*, der mit seinen Augen Himmel und Erde sieht, sah seinen Verwandten Johannes bei seiner Mutter sitzen und weinen und begann gleichfalls lange zu weinen.* Als Maria nach der Ursache fragt, eröffnet er ihr: *Meine Mutter, der wahre Grund ist, dass deine Verwandte, die alte Elisabeth, meinen geliebten Johannes als Waisen zurückgelassen hat. Nun weint er über ihrem Leichnam, der im Gebirge liegt.*[157] Rasch gelangt er mit seiner Mutter und der Magd Salome auf einer Wolke nach En Kerem, wo sie helfen, die Verstorbene würdig zu bestatten. Als Maria den verwaisten Johannes mit zurück nehmen will, widerspricht Jesus: *Das ist nicht der Wille meines Vaters. Er soll in der Wildnis bleiben bis zu dem Tag, da er sich Israel zeigt …* Sie *blieben bei dem gesegneten und heiligen Johannes sieben Tage und trauerten mit ihm über den Tod seiner Mutter und lehrten ihn, in der Wüste zu leben.* Diese Wendung lässt vermuten, dass hier eine alte Legende unter dem Einfluss des Evangeliums zu einer frühchristlichen Erbauungspredigt umgebildet worden ist, denn Lukas bemerkt, Johannes habe *sein Leben in der Wüste verbracht*, bis er als Mann vor das Volk trat (Lk 1,80).

156 E. Bock, 1994 S. 197 f.

157 Serapion, Leben Johannes des Täufers (Alexandria um 390) in Hennecke-Schneemelcher 1968, 310f; Apokryphe Kindheitsevangelien 1995, S. 310 f.

Buddha und der nathanische Jesusknabe

War Krishna eng mit dem Schicksal der himmlischen Adamseele vor ihrer irdischen Verkörperung in Jesus befasst, so trat bei Jesu Geburt der andere große Geist der indischen Kultur in Erscheinung. Wie Buddha es selbst vor dem Ende seines Lebens vorausgesagt hatte, wollte er nie wieder in einen Körper einziehen. Umso stärker konnte er aus der geistigen Welt heraus die Ereignisse von Palästina begleiten. Bei der Geburt Jesu erschien den Hirten im Engelchor über Bethlehems Feldern Buddhas geläuterter Ätherleib, sein Verwandlungsleib (Nirmanakaja): *Nicht er allein hatte zu diesem größten der Ereignisse beizutragen, jeder der vorangegangenen Bodhisattvas hatte seinen Teil zu spenden. Buddhas Teil, der größte, ward als Engelaura sichtbar.*[158]

Am selben Tag, als er zum ersten Mal über *ein Zusammenströmen geistiger Ströme* sprach, beschrieb Steiner Buddhas Erscheinen über dem Feld von Bethlehem: *Was hier den Hirten im Bilde entgegentrat, das war der verklärte Buddha, der Bodhisattva der alten Zeiten, dasjenige Wesen in seiner geistigen Gestalt, das durch Jahrtausende und Jahrtausende den Menschen die Botschaft der Liebe und des Mitleids gebracht hatte. Jetzt, nachdem es seine letzte Inkarnation auf der Erde hinter sich hatte, schwebte es in geistigen Höhen und erschien in Himmelshöhen den Hirten neben dem Engel, der ihnen das Ereignis von Palästina vorherverkündete.*[159] Bei einer späteren Gelegenheit erklärt Rudolf Steiner, in den Engelchor habe sich die Friedensbotschaft des Buddha gekleidet: *Das, was das Evangelium als Engelsgesang vermittelt, ist das Einströmen des Friedens-Evangeliums des Buddha in die Tat, die dann durch den Christus Jesus vollbracht werden sollte.*[160]

Eine vergleichbare Entsprechung findet sich auf dem großen Mittelbild des Isenheimer Altars, wo **Mathis gen. Grünewald** im Engelchor unter den im Kreis schwebenden Gestalten einen Buddha-Engel mit

158 R. Steiner am 13. April 1910 in Rom, GA 118.
159 R. Steiner am 16. September 1909 in GA 114.
160 R. Steiner am 22. Dezember 1912 in Berlin, GA 141.

grüner Aura und anbetend aneinander gelegten Händen darstellt.[161] Woher kannte ein Maler im 15. Jahrhundert das Geheimnis, dessen geistigen Hintergrund erst Rudolf Steiner deuten konnte? Grünewald bezog sein Wissen nach Meinung Bernhard Sarans aus Werken italienischer Humanisten,[162] deren Anliegen es war, wieder stärker die Würde des Menschen gegenüber der mittelalterlichen Ansicht vom Elend des Menschen zu betonen. Zur menschlichen Würde gehörte für sie die Fähigkeit, das Ineinanderwirken von himmlischen und irdischen Kräften zu beachten. Entweder kannte Grünewald das Werk des Raimund von Sabunda, in dem viele Ansichten des späteren Rosenkreuzertums ihren Niederschlag fanden, oder das Werk Pico della Mirandolas, der als christlicher Gelehrter die himmlische Herkunft der Steine, Pflanzen und Tiere beschrieb.[163] Vielleicht genügte ihm auch die 1510 erschienene »Okkulte Philosophie« des Agrippa von Nettesheim (1486–1535, Arzt und Theologe), der viele Gedankengänge verarbeitete, die Marsilio Ficino (1433–1499), der geniale Zusammenfasser des Platonismus, in verschiedenen Werken ausgeführt hatte, so in der Schrift »Über das vom Himmel zu erwerbende Leben«, die vom Einfluss der Sterne auf die ihnen entsprechenden Steine und Pflanzen handelt.[164] Derartige Einblicke in das übersinnliche Wissen, dessen Grundlagen aus der mittelalterlichen Kabbala herrührten, wurden Grünewald entweder durch seinen Ordensoberen Guido von Gersi oder seinen Auftraggeber Albrecht von Mainz vermittelt.

Das Erscheinen Buddhas bei Jesu Geburt verleiht dem Ereignis Weltbedeutung: denn dass ein ganzer Chor von Engeln daran teilnimmt, zeigt dem Einsichtigen, dass Christi Sendung etwas Großes bedeutet nicht nur für sein Volk, vielmehr für die gesamte Menschheit. Darum verkündet der Engel den Hirten die Geburt des Kindes als *eine Freude, die allen Völkern zuteil werden soll.* Hier finden wir die Antwort auf die Frage, weshalb Lukas den Stammbaum über Adam bis auf Gott

161 Vgl. H. Krause-Zimmer, Der Buddha und die himmlischen Heerscharen bei der Verkündigung, Das Goetheanum 67. Jg. 1988 S. 430, jetzt in: Offenbare Geheimnisse der christlichen Jahresfeste. Stuttgart 2004 S. 158 ff.

162 B. Saran, Matthias Grünewald, Mensch und Weltbild. München 1972 S. 72.

163 R. Steiner am 6. Januar 1924 in GA 233a sowie 1. August 1924 in GA 237; R. von Sabunda, Theologia naturalis, Straßburg 1496.

164 Vgl. J. Burckhardt, Die Kultur der Renaissance in Italien B.2, ed. L. Geiger, Leipzig [10]1908 S. 376 mit weiterer Literatur.

zurückführt: Der Evangelist will seinen Lesern die menschheitliche Bedeutung des Ereignisses von Bethlehem begreiflich machen; er zeigt, wie die vom Sündenfall nicht behelligte Adamseele der ganzen Menschheit einen neuen Zugang zu Gott erschließt.

Zur Begegnung des alten Symeon mit dem Jesuskind im Tempel gibt es ein buddhistisches Vorspiel: in der Geburtsstunde Buddhas erschaut von seinem Meditationssitz im Himalaja der greise Einsiedler Asita den Jubel der guten Götter. Als er auf seine Frage hin erfährt, was zum Anlass ihrer Freude geworden ist, eilt er zum Ort der Geburt, um *den Hervorragenden, den Stier unter den Menschen* zu sehen. Von Glück beseligt nimmt er das Kind auf die Arme, bricht aber gleich in Tränen aus, weil er innewird, dass der Tod ihm nahe bevorsteht:[165]

Er wird den Gipfel vollkommener Erleuchtung ersteigen;
er wird wenden das Rad des Gesetzes,
aber mein Leben hier ist bald zu Ende,
in der Mitte seines Lebens ist für mich der Tod.
Nicht hören darf ich des Unvergleichlichen Lehre.
Darob bin ich betrübt, unglücklich und voll Leid.

Doch Asitas Klage ist nicht endgültig: Als der alte Symeon ebenfalls *auf Antrieb des Geistes* (Lk 2,27) zur Darstellung Jesu in den Tempel kommt, betet er frohgemut: *Herr, lass deinen Diener in Frieden hinsterben … denn meine Augen haben Dein Heileswirken gesehen, das Du bereitet hast vor allen Völkern* (Lk 2,29 ff.). Der Tod kann ihn nicht schrecken, denn er schaut *den Glorienschein des verklärten Bodhisattva … über dem Jesuskindlein aus dem davidischen Geschlecht.*[166] In einen frohgemuten Lobpreis hat sich die Klage Asitas verwandelt; das lässt sich von innen her verstehen, wie Hermann Beckh erläutert: *Eine so tiefe Herzens-Sehnsucht … trägt in sich selbst den Keim ihrer Erfüllung … Christus hat den tiefen Herzenswunsch des alten Asita in sich aufgenommen und die Sehnsuchtstränen des früheren Lebens in Tränen der Freude und des Dankes verwandelt.*[167]

165 Zitiert bei G. Mensching, Leben und Legende der Religionsstifter, Darmstadt o.J. S. 211 ff.

166 R. Steiner am 16.9.1909 in Basel, GA 114.

167 H. Beckh, Von Buddha zu Christus. Stuttgart 1925, mit weiteren Parallelen; vgl. das Lukas-Kapitel in Ch. Rau 2008, wo der Aufbau des Lukasevangeliums nach den Stufen des buddhistischen Pfades dargestellt ist.

Zweierlei Messias-Prophetie und ihre Erfüllung

Sobald das Weihnachtsfest naht, ist allerorts das Lied zu hören von dem Blümlein, das dem Reis aus der zarten Wurzel entsprang, *wie uns die Alten sungen*. Wer ist eigentlich mit den »Alten« gemeint? Niemand anderes als die Propheten, die das Kommen Christi seit langen Zeiten angekündigt hatten, vor allem Jesaja mit seinem Bild von dem *Reis aus Isais Stumpf und dem Schössling aus seiner Wurzel* (11,1), das die Erfüllung bringen soll. Mancherorts werden alle Messias-Vorhersagen der alten Propheten jedes Jahr wieder vorgelesen. Viele dieser Voraussagen sprechen vom Frieden, den das Kind in die Welt bringen wird – eine Hoffnung, die heute genauso lebendig ist wie früher, am stärksten bei denen, die unter den waltenden Umständen zu leiden haben.

Am selben Tag, als Rudolf Steiner das Geheimnis der zwei Jesusknaben enthüllte, sprach er auch über alte Voraussagen von *zwei* Messiasgestalten, auf deren Erscheinen *die alten Weisheitsbücher Vorderasiens* immer hingewiesen hätten; so sei im apokryphen Henochbuch ein *priesterlicher* Messias erwähnt, während die Psalmen von einem *königlichen* Messias sprächen.[168] Belegstellen benannte er nicht, doch es gibt deren einige. So erwähnt eine spätjüdische Schrift unter den visionären Erlebnissen des Eingeweihten Henoch die Erscheinung eines *»Auserwählten«* als des großen Helfers für alle, die unter Unrecht leiden: *Hier schaute ich … die Wohnungen der Gerechten und die Lagerstätten der Heiligen … An jenem Orte schauten meine Augen »den Auserwählten« der Gerechtigkeit und der Treue … Ich sah seine Wohnung unter den Fittichen des Herrn der Geister. Alle Gerechten und Auserwählten vor ihm glänzen wie Feuerschein, ihr Mund ist voll von Segensworten, ihre Lippen preisen den Namen des Herrn der Geister, und Gerechtigkeit hört nimmer auf.*[169] Henoch meint hier den priesterlichen Messias, dem es zukam, anderen zu hel-

168 R. Steiner am 19. September 1909 in GA 114.

169 Äthiopisches Henochbuch (essenischen Ursprungs, entstanden im letzten Jahrhundert v.Chr.) 39. Kapitel, nach E. Kautzsch, Die Apokryphen und Pseudepigraphen des Alten Testaments, Repro-Druck Darmstadt 1975 S. 258 f.

fen. Später wird der Auserwählte als Führer der Gemeinde erwähnt: *An jenem Tage wird mein Auserwählter auf dem Thron der Herrlichkeit sitzen und unter ihren Werken eine Auswahl treffen und ihre, der Auserwählten, Wohnungen werden zahllos sein* (45,3 f.). Als »Auserwählten« bezeichnete man den Messias, so titulieren auch die Volks-Oberen den gekreuzigten Jesus: *Andere hat er gerettet, also rette er sich selbst, wenn er der Gesalbte Gottes ist, der Auserwählte* (Lk 23,35).

Wir wissen nicht, an welchen **Psalm** Rudolf Steiner als Prophetie auf den königlichen Messias dachte. Unter den 150 Psalmen kommen mehrere in Betracht, etwa der in frühchristlichen Schriften häufig zitierte 45. Psalm, ein Text, der das furchtlose Eintreten des Messias für die Rechte seines Volkes beschreibt:

Schrecken verbreitende Taten wird deine rechte Hand dich lehren,
Deine Pfeile sind scharf, dass Völker sich ducken vor dir;
Sie treffen die Feinde des Königs ins Herz.
So bleibt dein Thron für immer und ewig wie Gottes Thron,
Ein gerades Zepter ist deines Königtums Zepter. (Ps 45,5–7)

Die im Psalmwort vordergründige Anspielung auf ein Wiedererrichten des Königtums Davids wird von den meisten Auslegern auf das ewige Königtum des Messias bezogen. – Auch der 72. Psalm schaut auf den königlichen Messias; die *Geschenke bringenden Könige von Tarsis und den Inseln,* die hier noch vermehrt sind zu *allen Königen der Welt,* gelten schon lange als Prophetie auf die Weisen aus dem Morgenland:

O Gott, gib dein Richteramt dem König,
befähige den Königssohn zum Walten in Gerechtigkeit! ...
Die Gegner sollen vor ihm sich beugen und seine Feinde den Staub lecken!
Die Könige von Tarsis und den Inseln sollen Geschenke bringen,
die Könige von Saba und Seba Gaben entrichten!
Alle Könige sollen ihm huldigen, alle Völker ihm dienstbar sein![170]

Religionsgeschichtlich stehen den Henochbüchern die **Psalmen Salomos** aus dem 2. Jahrhundert nahe, die oft den königlichen Messias erwähnen. Einer dieser Psalmen gipfelt in der Bitte um seine Wiederkehr:

170 Die Psalmenübersetzung wurde gemeinsam mit K. Heyde/Dresden besorgt.

Sieh, Herr darein! Lass ihnen ihren König wieder erstehen,
den Davidssohn, zur Zeit, die du erkoren (PsSal 17,23).[171]

Auf den 110. Psalm, der den Messias als einen *Priester nach der Weise Melchisedeks* preist, werden wir am Ende des Kapitels näher eingehen.

Im **Sohar**, einem der ältesten Texte der jüdischen Esoterik, weist eine rätselvolle Passage auf einen *Sohn Davids* und einen *Sohn Josephs*: *Der Sohn Davids und der Sohn Josephs sind zwei, nicht einer … ein anderer Messias, der Sohn Josephs, wird sich mit dem Messias, dem Sohn Davids vereinigen*; der Sohn Josephs werde eines grausamen Todes sterben.[172] Hier leuchtet schon das Wissen von zwei Jesusknaben auf.

Als der Prophet **Sacharja** einmal ***zwei Ölbäume*** schaut und seinen Engel fragt, *was die zwei Büschel der Ölbäume bedeuten*, antwortet ihm dieser: *Das sind die beiden frisch Gesalbten, die vor dem Herrn der Erde stehen* (Sach 4,13). Gemeint sind zwar die beiden historischen Wohltäter, die sich um den Wiederaufbau der zerstörten Stadt und des Tempels besonders verdient machten, nämlich der Hohepriester Josua und der »heimliche König« Serubabel, doch hinter den zwei Gesalbten mit ihrer nationalen Bestimmung sind in weiterer Perspektive die künftigen messianischen Wohltäter der ganzen Menschheit zu erahnen.

Die Zweiheit der *beiden frisch Gesalbten* erinnert an das Bild von Zepter und Stern in der Weissagung des **Bileam**, der auf Bitten des Edomiter-Königs das durchziehende Volk Israel verfluchen sollte, es aus okkulten Gründen jedoch segnen muss:

Ich sehe ihn, doch nicht jetzt, ich schaue ihn, doch nicht von nahe.
Ein Stern geht auf aus Jakob, ein Zepter erhebt sich aus Israel
(Num 24,17).

Diese allerfrüheste Messias-Vorhersage ergeht um 1300 v. Chr., als Moses die Israeliten durch die Wüste in ihre künftige Heimat führt. Das Alte Testament meint mit Jakob und Israel nicht einfach denselben Sohn Isaaks, sondern berücksichtigt seine Entwicklung: Jakob war sein irdischer Name, doch Israel hieß er seit seinem Kampf mit dem Engel (Gen 32). Nur an dieser und an der Sacharja-Stelle spricht das Alte

171 P. Riessler 1928 S. 881 ff.
172 Zitiert nach F. Hiebel 1959 S. 41.

Testament von zwei Gesalbten. Als Schalom Ben-Chorin behauptete,[173] die Lehre von dem zweifachen Messias sei außer in Qumran auch im rabbinischen Judentum bekannt gewesen, hatte er also Recht – wenn man die Texte Sach 4 und Num 24 zu lesen versteht; sie sprechen eindeutig von *zwei Gesalbten.*

Die apokryphen **Testamente der zwölf Patriarchen** sind nach den zwölf Söhnen Jakobs genannt und bilden zusammen eine einheitliche Schrift. In den Höhlen am Toten Meer wurden Teile von Abschriften gefunden. Einige sprechen von einem Messias, der Priester und König zugleich sein wird. In den übrigen Testamenten ermahnt jeder Patriarch seine Nachkommen zur Treue gegen die Stämme Levi und Juda, aus denen der priesterliche und der königliche Messias hervorgehen werden. So heißt es in **Simeons Testament** (TestSim 7,1–3):[174]

Nun, meine Kinder, folget Levi und Juda, die euch erlösen werden.
Erhebt euch niemals gegen diese beiden Stämme;
aus ihnen sprosst euch das Heil Gottes auf.
Erwecken wird euch der Herr aus Levi einen Hohepriester
und aus Juda einen König, Gott und Mensch.
Er rettet alle Heiden und Israels Geschlecht.[175]

Das **Testament des Levi** beschreibt im Einzelnen die im Simeon-Testament erwähnte Zusage; Levi erhält sie, als sein Engel ihn auf einer Geistreise bis zum dritten Himmel geführt hat (TestLevi 2,10.11):

Dir Levi, gebe ich die Segnungen des Priestertums,
bis ich selbst komme, inmitten Israels Wohnung zu nehmen …
Denn du wirst nahe bei dem Herrn stehen und sein Diener sein
und seine Geheimnisse den Menschen verkünden
und die Botschaft von Dem, der Israel erlösen wird.
Durch dich und Juda wird der Herr dann zu den Menschen kommen
zu ihrer aller Rettung.

173 S. Ben-Chorin, Paulus, der Völkerapostel in jüdischer Sicht, München 1970 erwähnt S. 185 nicht einmal Sacharjas zwei Ölbäume.

174 Zitiert bei E. Bock 1994 S. 86f.

175 Die Zitate nach P. Riessler 1928; griech. Text in M. de Jonge, Testamenta XII Patriarcharum. Edited according to Cambridge Univ. Libr. MS Ff 1.24 fol.203a-262b, in: Pseudepigrapha Veteris Testamenti Graece ed. A.M. Denis et M. de Jonge, Vol.I, Leiden 1964.

Im 8. Kapitel wird Levis Investitur zum Priester durch sieben »Männer« (= Erzengel) berichtet; sie überreichen dem Begründer des levitischen Priestertums die Gaben von Brot und Wein, die sonst dem Priestertum des Melchisedek vorbehalten sind, sowie alle Gewänder und Insignien eines Hohenpriesters:

»Ich schaute sieben Männer, weißgekleidete, die zu mir sprachen:
Steh auf und leg das priesterliche Kleid dir an,
dazu die Krone der Gerechtigkeit, den Brustschmuck des Verstandes,
das Kleid der Wahrheit, das Diadem des Glaubens …
das Schulterkleid der Weissagung! …
Von nun an sei dem Herrn ein Priester, du und dein Stamm für immer!

Bei dem ganzen Vorgang handelt es sich um eine Vision und nicht etwa um absichtliche Anmaßung, auch wenn im weiteren Verlauf neben dem Propheten und dem Priester von einem dritten Amt die Rede ist:

Levi! Drei Ämter fallen deinem Stamme zu zum Zeichen
für die Herrlichkeit des Herrn bei seinem Kommen.
Das erste Amt ist groß, ein größeres gibt es nicht.
Das zweite hat im Priestertum Bestand.
Das dritte aber wird einen neuen Namen tragen,
denn ein König wird sich aus Juda erheben und
ein neues Priestertum für alle Menschen schaffen.

Wieso gehört der königliche Messias zum Stamm Levi, wenn er doch aus dem Stamm Juda (= David) hervorgeht? Nur vom historischen Ablauf her ist dies zu begreifen: Der salomonische Knabe aus dem Stamm Davids war in den nathanischen Jesus und damit in den Stamme Levi übergegangen, während der nathanische Jesus durch seine Mutter ohnehin zum Priester-Stamm Levi gehörte ebenso wie Johannes als Prophet. Die Verknüpfung der Stämme Levi und Juda wird uns noch einmal begegnen bei der Betrachtung des Fortwirkens der Messiasprophetie in der späteren Geschichte.

Das Testament des Juda unterscheidet klar die beiden Stämme:

Und nun, meine Kinder, liebt den Levi, erhebt euch niemals gegen ihn,
damit ihr bestehen bleibt und nicht zugrunde geht.
Mir nämlich gab der Herr das Königtum und ihm das Priestertum –
Er selbst … hat das Königtum dem Priestertum untergeordnet.

Mir gab er alle Dinge auf der Erde, ihm die im Himmel.
So wie der Himmel höher als die Erde, so überragt
auch Gottes Priestertum das Königtum auf Erden (TestJuda 21,1–4).

Derselbe Text enthält die Zusage des Königtums für Juda:

Dann geht der Stern des Friedens für euch auf aus Jakob,
ein Mann ersteht aus meinem Stamm
gleich wie die Sonne der Gerechtigkeit;
er wandelt mit den Menschenkindern in Sanftmut und Gerechtigkeit,
und keine Sünde wird an ihm erfunden.
Es öffnen sich die Himmel über ihm
und gießen aus den Geist, des Vaters heiligen Segen.
Er selbst gießt über euch den Geist der Gnade aus;
ihr werdet seine wahren Söhne sein und sein Gebot befolgen früh und spät …
Dann leuchtet meines Reiches Zepter auf;
ein Spross geht auf aus eurer Wurzel (TestJuda 24,1–3.5).[176]

Auch die Testamente für **Gad** und für **Dan** sagen voraus, dass aus den Stämmen Juda und Levi die Rettung Israels kommen wird (TestGad 5,1. 8,1), mit dem Hinweis auf *das neue Jerusalem*, das als ewiges Heil aus diesen beiden Stämmen hervorgehen wird, und auf das Kommen des *königlichen Heiligen* aus Israel *in Niedrigkeit und Armut* (TestDan 5,10.12.13) – so deutlich, als hätte der Verfasser den Einzug Jesu in Jerusalem auf dem demütigen Esel vor Augen gehabt.

Es ist nicht auszuschließen, dass die Patriarchen-Testamente in frühchristlicher Zeit überarbeitet wurden, doch die Zitate in den Schriftrollen vom Toten Meer haben diese Behauptung stark eingeschränkt und ihre vorchristliche Entstehung bestätigt. Die Bedeutung dieser Vorhersagen für unsere Untersuchung wird sich in einem ganz anderen Licht zeigen, wenn wir uns mit der essenischen Erwartung von insgesamt drei messianischen Gestalten vertraut gemacht haben.

Unter allen alttestamentlichen Messias-Vorhersagen ist **der 110. Psalm** ganz besonders bedeutsam. Denn er spricht nicht vom Nebeneinander zweier Messias, sondern von einem König, dem die Würde des

176 Das Bild vom *Spross* erinnert an das von Nezer gegründete *Nazareth*, vgl. E. Bock 1978 S. 161.

Hohenpriesters zuerkannt wird, der also König und Priester in einer Person ist:

Es sprach der Herr zu meinem Herrn: Setze dich mir zur Rechten,
bis ich deine Feinde als Schemel dir zu Füßen lege.
Der Herr lässt weithin walten dein machtvolles Zepter,
von Zion aus sollst du deine Feinde beherrschen …
Der Herr hat geschworen und nimmer wird es ihn reuen:
Du sollst in Ewigkeit Priester sein nach der Weise des Melchisedek.

Im letzten Streitgespräch mit den Pharisäern beruft sich Jesus vor allem Volk auf diesen Psalm, um klarzustellen, dass der Messias nicht wie David ein irdisches Reich errichten will. Dabei zitiert er nur die Anfangsworte: *Wie können die Schriftgelehrten behaupten, der Messias sei Davids Sohn? David nennt ihn ja selber seinen Herrn; wie kann er dann sein Sohn sein?* (Mk 12,36)

Obwohl Jesus allgemein als Sohn Davids galt, nannte er sich selber stets »Menschensohn«, dem die messianische Würde des *Thronens neben der Allmacht* und des *Kommens auf den Wolken* zustand, wie er selbst im Verhör vor dem Hohenpriester bekundet, jenem einzigartigen Augenblick, da er sich als Messias vor den Ohren der obersten Instanz öffentlich bekennt. Aus unserer Sicht ergibt sich ein neues Verständnis dieses Namens: nicht der Sohn irgendeines Menschen ist er, sondern der »Sohn« der beiden Jesusmenschen, in denen die beiden größten Geister der Menschheit ihm die leiblichen Hüllen bereiteten, in die er bei seiner Taufe Einzug hielt.

Die drei Messiasgestalten im essenischen Schrifttum

Voraussagen auf zwei Messiasgestalten begegnen uns mehrfach in den Schriften von Qumran, so in einigen Abschriften aus den erwähnten Patriarchen-Testamenten, aber auch als Zitate der ebenfalls erwähnten Stellen des Alten Testaments. Schon daran zeigt sich der essenische Anspruch, nicht als Winkelsekte verstanden zu werden, sondern als ein Orden mit offiziellem Anspruch, dessen Angehörige sich in esoterischen Fragen – speziell in der Erwartung mehrerer Messiasgestalten – besonders gut auskannten. Es sei von vornherein gleich klargestellt, dass von einer *dreifachen Erwartung* zu sprechen eine Vereinfachung ist. Genau genommen handelt es sich um zwei Messiasgestalten, denen als dritte Person *ein Prophet gleich wie Moses* vorangeht.

Die **Kriegsrolle** (1QM oder 1QW) beschreibt den 40 Jahre währenden eschatologischen Kampf der Söhne des Lichts gegen die Söhne der Finsternis. Alle über 50 Jahre alten Männer sind verpflichtet, das volle Opfer-Ritual am Tempel nach den alten Vorschriften des Mosaischen Gesetzes auszuüben, während alle jüngeren Männer den Kriegsdienst zu leisten haben. Für jede einzelne Phase des Krieges ist genau festgelegt, welche Ziele erreicht werden sollen. Dabei führen die beiden Messiasgestalten als *»Oberpriester«* und als *»Fürst der Gemeinde«* die Söhne des Lichts an. Von ihrer Funktion spricht zwar nur eine einzige Stelle, jedoch bis in Einzelheiten ausführlich. Hier (wie auch in anderen Texten) hat der priesterliche Messias den Vorrang, ist aber seinerseits dem Erzengel Michael untergeben, der die oberste Leitung in dem eschatologischen Krieg innehat.

Die **Rolle der Regel**, bisweilen auch »Sektenkanon« genannt, deren Vorschriften das Leben der Gemeinschaft regelten, wurde vom Lehrer der Gerechtigkeit als eine der ältesten Essenerschriften um das Jahr 100 v.Chr. verfasst; als noch früher entstanden gelten die Patriarchentestamente sowie die erste Fassung der Tempelrolle. Die Ordensregel unterscheidet eindeutig den Messias aus Aaron, den Priester, von dem Messias aus Israel, dem königlichen Messias: *Und von keinem Grundsatz des Gesetzes sollen sie abgehen … Und sie sollen geleitet werden durch die frühe-*

ren Anordnungen, in denen die Mitglieder der Gemeinschaft anfangs unterrichtet wurden, bis zur Ankunft des Propheten und der Gesalbten aus Aaron und Israel (1Q S IX,10f.).[177] Johann Maier übersetzt die gleiche Stelle anders: ... *damit sie durch Einung ein Allerheiligstes bilden ... und nach den früheren Gesetzen gerichtet werden, denen sich die Männer der Einung zu verpflichten begannen, bis dass der Prophet kommt und die Messiasse Aarons und Israels.*[178] Maier versteht das hebräische *jachad* als *Einung* – ein Begriff, der weder dem Alten noch dem Neuen Testament geläufig ist, aber häufig in der »Regel« und in der Damaskusschrift vorkommt. Lohse und Dupont-Sommer fassen es einfach als *Gemeinschaft* auf. Sollte *jachad* die Essener-Gemeinde bezeichnen, die sich von den übrigen Juden durch besondere Lebensformen abgrenzte, oder war eine besondere Aufgabe der Gemeinschaft, etwa im Hinblick auf die Vereinigung der beiden Messiasgestalten gemeint?

Auch bei der Fortsetzung, die gewöhnlich **Zusatzregel** oder **Gemeinschaftsregel** (1Q Sa II) genannt ist, handelt es sich um einen einzelnen schriftlichen Nachweis mit eindeutigem Vorrang des *priesterlichen Messias*: Vor allen anderen Teilnehmern betritt er den Raum, nach ihm *alle Häupter der Söhne Aarons, die Priester ihm gegenüber.* Erst danach darf *der Messias aus Israel* eintreten, vor den sich die Stammeshäupter Israels setzen. Genau festgelegt ist die Abfolge beim Mahl: *Und wenn sie zusammenkommen ... den Tisch der Gemeinschaft richten und den Wein zum Trinken mischen, strecke niemand seine Hand aus nach den Erstlingen des Brotes und des Weines vor dem Priester; denn er segne die Erstlinge des Brotes und des Weines und strecke seine Hand über das Brot zuerst aus. Und darauf strecke der Messias aus Israel seine Hände über das Brot aus. Und darauf segne die ganze Gemeinde der Gemeinschaft, jeder entsprechend seiner Würde. Und dieser Ordnung gemäß sollen sie verfahren bei jeder Mahlzeit, wenn wenigstens zehn Personen zusammenkommen.*

Mehrere Texte spiegeln den Konflikt der Gemeinschaft mit dem Geschlecht der Hasmonäer, die mit Hilfe der Römer an die Spitze des jüdischen Volkes gelangt waren. Zuerst hatten die Essener gehofft, durch die Vereinigung des Priesters und Königs in einer Person, wie sie die makkabäischen Freiheitskämpfer verkörperten, werde sich ihr Ideal erfüllen. Doch der hasmonäische Anspruch auf alle drei Ämter (König,

177 Diese und die folgenden Stellen zitiert nach A. Dupont-Sommer 1959.
178 J. Maier 1960.

Priester und Prophet) entlarvte sie in den Augen des Volkes und speziell der Essener, die ihr Auftreten als das von Belial inszenierte eschatologische Vorspiel vor der Ankunft des zweifachen Messias und seines Propheten ansahen. Das Herrschergeschlecht reagierte auf solche Behauptung mit einer Anklage. Unter Johannes Hyrkanos (135–104 v.Chr.) kam es zum Prozess gegen die Essener; der Lehrer der Gerechtigkeit wurde erst gesteinigt und außerdem noch gekreuzigt – ein eschatologisches Ereignis für die Gemeinde, die nun ihres spirituellen Leiters beraubt war.[179]

Die **Damaskusschrift** (CD = Cairo Damascus Document) ist eine schon lange vor der Entdeckung der Höhlen von Qumran bekannte Schrift. Größere Abschnitte waren 1896/1897 in der Geniza (Ablegekammer) einer Synagoge in Kairo entdeckt worden. Ihre Veröffentlichung im Jahre 1910 hatte einen Gelehrtenstreit ausgelöst, man vermutete einen Zusammenhang mit den Ebioniten oder einer unbekannten Sekte. Niemand bezog sie auf die Essener außer dem scharfsinnigen Israel Lévi, der 1912 äußerte: *Die Frage nach den Anfängen des Essenertums muss im Lichte des von uns gegenwärtig erforschten Dokuments wieder aufgenommen und geprüft werden.*[180] Da die Abschrift dem späten Mittelalter entstammt, nahm man den Inhalt nicht ernst, bis in den Höhlen von Qumran die Reste von immerhin acht verschiedenen Abschriften dieses Werkes auftauchten. Diese brachten endgültig an den Tag, welcher Gemeinschaft das seit hundert Jahren bekannte Dokument zuzuordnen war,[181] und rehabilitierten postum den unverstandenen Forscher. Damals hieß die Damaskusschrift noch Zadokitisches Dokument, weil man den darin erwähnten Priester Zadok für ihren Verfasser hielt.

Gleich am Anfang erwähnt die Damaskusrolle – die so genannt wird, weil sie sich an diejenigen wendet, *die in Damaskus in den neuen Bund eingetreten sind* – das *Auftreten des Gesalbten aus Aaron und Israel* (CD B I,10 sowie II,1); später heißt es ähnlich: *Dies ist die Wohnordnung für die Lager, so sollen sie sich verhalten in der Epoche des Bösen bis zum Auftreten des Messias von Aaron und Israel* (CD A XII,22–XIII,1).[182] Eindeu-

179 Z.B. F. Hiebel 1959 S. 46 ff.; zum Prozess gegen Jeshu ben Pandira und seine fünf Schüler vgl. E. Bock 1978 S. 158 ff.

180 Zit. nach Dupont-Sommer 1959 S. 160.

181 R. Steiner sprach öfters über Ebioniten und Essener, so am 6. Juli 1909 in GA 112 und am 4. September 1910 in GA 123.

182 Y. Yadin 1958 S. 36 ff.

tig spielt diese Schrift, deren vorchristliche Entstehungszeit gesichert ist, auf die Verfolgung der Gemeinde und den Tod des Lehrers der Gerechtigkeit in der Zeit um 100 vor Chr. an. Wenn darin *die Gemeindeversammlung* als König bezeichnet wird und der Stern als der *Gesetzesforscher, der nach Damaskus kam gemäß dem Wort: Ein Stern ist aufgegangen von Jakob und ein Zepter hat sich erhoben aus Israel* (VII,20f.),[183] so ist mit dem *Gesetzesforscher* der *Lehrer der Gerechtigkeit* gemeint, der als neuer Moses verehrt und dessen baldige Wiederkunft erwartet wurde. Obwohl sein Name an keiner Stelle der Rollentexte genannt ist, geht aus vielen Stellen seine Identität mit dem im Talmud erwähnten Jeshu ben Pandira indirekt hervor.

Leider setzen viele Qumranforscher (wie z.B. André Dupont-Sommer 1959 S. 100f.) Jeshu ben Pandira gleich mit Jesus von Nazareth – ein Fehler, auf den schon Rudolf Steiner in den Matthäus-Vorträgen 1910 eindringlich durch Belegstellen aus dem Talmud hinwies,[184] und verwechseln noch heute die fünf Schüler Jeshu ben Pandiras, die vermutlich gleichzeitig mit dem Lehrer umkamen, mit den Jüngern Jesu trotz ihrer gänzlich anderen Namen, die im Talmud angegeben sind: Mathai, Nakai, Nezer, Boni und Thoda.

Während die »Rolle der Regel« zwei Messiasgestalten erwähnt, kennt das später entstandene Damaskus-Dokument nur *den Messias aus Aaron und Israel*, doch können wegen der zwei erwähnten Stämme durchaus zwei Messiasgestalten gemeint sein.[185]

Auch andere Schriften (4Q pJes und 4Q 521 als Kommentare zu Jesaja und Sacharja) deuten den *Stern* als Bild des priesterlichen und das *Zepter* als Bild des königlichen Messias. Vom baldigen Kommen der Gesalbten sprechen die auf einem Einzelblatt aus Höhle 4 erhaltenen **Testimonia** (4Q test). Die ersten drei Zitate spielen auf alle drei Gestalten an;[186] der Prophet sei durch Jahve selbst an Moses angekündigt: *Einen Propheten gleich dir will ich ihnen aus der Mitte ihrer Brüder er-*

183 Das Dokument dürfte um 63 v.Chr. entstanden sein, als eine essenische Gruppe vor den Römern fliehen musste, vgl. Dupont-Sommer 1959 S. 45, oder schon bald nach dem Tod des Lehrers um 110 v. Chr.

184 R. Steiner am 4., 5. und 6.9.1910 in GA 123, am 17.9.1911 in GA 130; E. Bock 1978; F. Hiebel 1959 S. 44; Ch. Rau 1976 S. 143 f.

185 J. Maier 1960 übersetzte gegen vielfachen Einspruch anstatt *ein Messias* durchgehend *zwei Messiasse.*

186 *4Qtest bezeugt ebenfalls deutlich die 3 Personen*: J. Maier Bd 2 1960 S. 33.

wecken und meine Worte in seinen Mund legen (Deut 18), während in Bileams Vorausschau von dem *Stern* aus Jakob und dem *Zepter* aus Israel der priesterliche Messias Aarons und der königliche Messias Israels vom Himmel her zugesagt sei (Num 24,17). Aus diesen drei Zitaten folgert Dupont-Sommer: *Die biblischen Zitate … stehen offensichtlich mit dem dreifachen Aspekt der messianischen Erwartung bei den Gläubigen von Qumran in Beziehung: mit der Erwartung des Propheten am Ende der Zeiten, der Erwartung des Laienmessias und der Erwartung des priesterlichen Messias.*[187]

Die Texte der Essener lassen keinen Zweifel daran, dass sie das Kommen der drei Heilsbringer binnen weniger Jahrzehnte erwarteten. Die einschlägigen Texte erwecken den Eindruck, *sie enthielten wichtige Hinweise für eine lebendige Erwartung der Ankunft eines davidischen Messias in der Zeit zwischen den Testamenten* – also noch vor der Zeitenwende, als man ein baldiges Kommen für *keineswegs selbstverständlich* ansah.[188] Ihre Messias-Erwähnungen stimmen in diesem Hauptpunkt überein: das eschatologische Zeitalter beginnt, sobald die drei Heilsbringer die Bühne der Geschichte betreten. Als Antwort auf die Frage nach dem Zeitpunkt kann man sich an Joseph Ratzinger erinnern, der die angenommene *eschatologische Ferne* in eine erfahrbare *Nähe* rückte, als er statt von der scheinbar vergeblichen Naherwartung der Apostel von einer *»Nah-Eschatologie«* der frühen Christen ausging.[189] Im Auftreten des Täufers und der beiden Jesusknaben ereignete sich das Unwahrscheinliche sehr bald, nämlich – von den Essenern aus gesehen – schon nach wenigen Jahrzehnten.

Eine Ahnung von der Zweiheit des Messias muss auch in Johannes dem Täufer gelebt haben. Als er im Gefängnis von den Heilungen Jesu hört, lässt er ihn durch seine Jünger fragen: *Bist du der Erhoffte oder sollen wir <u>den anderen</u> erwarten?* (Mt 11,3; Lk 7,18). Wie kam Johannes zu seinem entschiedenen Entweder-Oder? Das dabei verwendete griechische Wort *heteros* betrifft immer eine von zwei Möglichkeiten; für *irgendeinen anderen* müsste im Griechischen der Ausdruck *allos* stehen. Matthäus und Lukas haben begriffen, was der Täufer meinte: »Bist du der königliche oder der priesterliche Messias?« Jesus verweist in seiner

187 A. Dupont-Sommer 1959 S. 342 f.

188 K. Berger, Qumran und Jesus, Stuttgart ⁵1993 S. 107.

189 J. Ratzinger, Jesus von Nazareth I, Freiburg 2007 S. 225–227.

Antwort auf geheilte Kranke, auferweckte Tote und die Tröstung der Armen. So umschreibt er die Vereinigung des priesterlichen und des königlichen Erlösers in seiner Person, mit Betonung der priesterlichen Seite. Allerdings lässt sich die Frage des Johannes auch in dem Sinn verstehen: ob Jesus der erwartete Prophet oder aber der Messias sei.[190] Dann besagte die Antwort: »Ich kann nicht nur der Prophet sein, da lauter Wunder durch mich geschehen.« Eher verständlich wird die Anfrage des Täufers vor dem Hintergrund der zwei Jesusknaben, die sich zu einem einzigen Menschen vereinigen.

Erst von den zwei Jesusknaben her lassen sich die messianischen Verheißungen verstehen: wie der salomonische Jesus dem Königsstamm Juda angehört, so entstammt der nathanische Jesus – durch seinen Vater zwar auch ein Davidide – durch seine Mutter dem priesterlichen Stamm Levi, wie Lukas 1,36 verdeutlicht. In seinem irdischen Wirken vereinigt Jesus den hohepriesterlichen Erlöser und den königlichen Hirten. Die vorbereitende Vermittlung der zwei Jesusknaben erlaubt es, die Menschwerdung Christi als historische Tatsache zu begreifen.

Das Judentum kannte nur <u>einen</u> Messias, so auch das Neue Testament. Dass dem einen ursprünglich zwei vorangegangen waren, war längst vergessen. Nach einer Bemerkung Karl Georg Kuhns *sind in Joh 6,14f. der neue Prophet und der König in eine Gestalt zusammengeflossen*;[191] daraus folgert er: nirgends habe im Neuen Testament die Erwartung der drei Heilsgestalten *ihre Erfüllung gefunden*. Das nötigt unseren Widerspruch heraus: Weist nicht die Antwort, die Jesus seinen Jüngern beim Abstieg vom Berg der Verklärung gibt, unmissverständlich auf die Erfüllung? Denn Jesus, den eben die Gottesstimme als Gottessohn bestätigt hat, bekundet den Jüngern, im Tod des Täufers sei sein eigenes Schicksal vorausgenommen: *Elias ist bereits gekommen und sie haben ihre Willkür an ihm ausgelassen, und dasselbe steht, wie die Schrift besagt, auch ihm* [dem Menschensohn] *bevor* (Mk 9,13). So kündigte Johannes als Prophet durch sein Wort und noch stärker durch seinen Tod den Messias an, der in seiner Person den priesterlichen und den königlichen Laienmessias vereinigte.

190 so durch K.G. Kuhn 1955 S. 178.
191 K.G. Kuhn 1955 S. 178.

Der Hebräerbrief – eine frühe Antwort auf essenische Erwartungen

Unser Blick war zuletzt speziell auf die doppelte Messias-Prophetie im Schrifttum der Essener gerichtet. Schon seit geraumer Zeit steht das Verhältnis essenischer Ideen zum Neuen Testament im Zentrum des Interesses der Forscher. Beide Bewegungen sind im Judentum verankert und grenzen sich doch von ihm ab: die Essener durch eine extreme Auslegung des mosaischen Gesetzes und einen eigenen Kalender, das Christentum durch die Umformung der Woche, die Einrichtung neuer Feste und eine auf Freiheit und tätige Liebe gegründete Sozialordnung. Die daraus entstandene Spannung bedingt gegenseitige Fühlungnahme.

Schon bei flüchtiger Durchsicht fällt auf, dass einige Qumrantexte dieselbe Gestalt in den Mittelpunkt stellen wie jene anonyme Schrift des Neuen Testaments, an deren Bestimmung immer noch herumgerätselt wird: **der Hebräerbrief**. Ohne einen essenischen Text wörtlich zu zitieren, rühren seine Gedanken dicht an die zentralen Glaubensinhalte der Essener. Die Frage ist: gab es jene Texte schon, auf die sich der Hebräerbrief bezieht? Um sicher beurteilen zu können, welche der beiden Bewegungen auf die andere Einfluss nehmen konnte, ist es unerlässlich, Klarheit über die Entstehungszeit ihrer Schriften zu gewinnen. Von den Evangelien und den Apostelbriefen wissen wir, dass sie in der zweiten Hälfte des 1. Jahrhunderts entstanden. Viele Forscher haben die Rollen vom Toten Meer im selben Zeitraum verortet. Einige Texte – vor allem aus den reichhaltigen Höhlen 4 und 11 – erwähnen vorchristliche Ereignisse als gegenwärtig und müssen also aus jener Zeit stammen. Wie erwähnt, ermittelte André Dupont-Sommer als späteste Entstehungszeit der Damaskusschrift das Jahr 63 vor Chr. Nach gründlichen Untersuchungen der Schriftrollen hat sich erwiesen, dass sie bedeutend älter sind, als man früher angenommen hatte. Es gab sie längst, als in den 60er Jahren des 1. Jahrhunderts nach Chr. der Hebräerbrief geschrieben wurde.

Die Beweisführung des Briefes zielt auf die Überlegenheit Jesu Christi über Engel, Propheten und alle übrigen Himmelswesen von messianischer Art. Während die Essener davon überzeugt waren, in der eschatologischen Zeit werde ein Prophet die Hauptrolle spielen als Vorläufer des Messias, stellt der Brief den Gottessohn höher als alle Propheten: denn wie ehemals durch die Propheten, so *redete Gott zuletzt durch den Sohn* (1,2).

Ausführlich deutet der Brief im 7. Kapitel auf die essenische Ansicht von dem zweifachen Messias hin, da Melchisedek in Stellung und Titel die Funktion des priesterlichen und des königlichen Heilsbringers vereinigt: als *Priester des höchsten Gottes* ist er zugleich *König von Salem und König des Friedens*, seinem Namen nach aber auch *König der Gerechtigkeit* (zedek = *gerecht*). Treulich referiert der Autor aus der Genesis, wie Abraham nach dem Sieg über die feindlichen Könige dem Priester Melchisedek einen großen Anteil an der Beute gibt und dieser ihm Brot und Wein reicht: *Bedenkt, wie groß er sein muss, dass Abraham, unser Urvater, ihm den Zehnten von aller Kriegsbeute als Weihegabe opferte!* Da Melchisedek als *Priester des höchsten Gottes* (hebr. *El eljōn*) dem Tempeldienst überlegen ist, kann Aaron nicht das Vorausbild für Christus sein. Allein Melchisedek hält dem Vergleich mit Christus stand, von dem Gott selbst zweimal bezeugt, dass ihm eine höhere Ehre zukomme als den Engeln: bei Jesu Taufe durch den Vers aus dem 2. Psalm: *Mein Sohn bist du, heute habe ich dich gezeugt*, und das zweite Mal durch den 110. Psalm: *Du bist Priester nach der Weise Melchisedeks*. Absichtlich verklärt der Briefautor die Gestalt Melchisedeks zu einem Urbild für Christus, der dann durch seine Erniedrigung zum Menschsein *die Vollendung* erlangte und *als ewiger Hoherpriester* seine Überlegenheit über das levitische Priestertum beweist: *Wenn die Vollendung erreicht werden könnte durch das levitische Priestertum, wozu war es dann nötig, noch einen anderen Priester nach der Ordnung des Melchisedek einzusetzen*? (7,11 f.) [192]

Unter verschiedenen Gesichtspunkten stellt der Autor die in Melchisedek vorgebildete Gestalt Christi heraus, wobei ihn offenbar die *Zielvorstellung* leitet: Wie Josua das Volk einst nach Kanaan führte, werde Christus die Gemeinde am Ende der Tage in das Land der Ruhe bringen (Kap. 4).[193] Die täglichen Opfer im Tempel ersetzte Christus durch das einmalige Opfer seines Kreuzestodes: *Er ist nicht wie die*

192 Helmut Feld, Der Hebräerbrief, Darmstadt 1985 S. 66.

193 E. Grässer, Aufbruch und Verheißung, Ges. Aufsätze zum Hebräerbrief, Berlin 1992 S. 239 f.

Hohenpriester der Notwendigkeit unterworfen, Tag für Tag zuerst für die eigenen Sünden Opfer darzubringen und danach für die des Volkes; denn dies hat er ein für allemal getan, als er sich selbst dargebracht hat (7,27). Als wahrer Hoherpriester *setzte er sich für immer zur Rechten Gottes* (10,12). Seither bleibt er ewig als *Anfänger und Vollender des Glaubens* (12,2) tätig bis zum Ende der Erde, wenn die neue Heilsordnung eintritt und Gott selbst inmitten der Gläubigen weilt. Da er *derselbe gestern, heute und in Ewigkeit* (13,8) ist, können sie schon jetzt auf den Beistand *ihres Oberhirten* vertrauen: *Der Gott des Friedens, der von den Toten heraufgeführt hat den Großen Hirten der Schafe durch das Blut des Bundes, unseren Herrn Jesus Christus, befähige euch zu jedem guten Werk, um seinen Willen zu vollbringen* (13,20 f.).

Lange Zeit hatten die Forscher hinter den anonymen Empfängern des Hebräerbriefes irgendeine jüdische Sekte vermutet. Aber welche war es? Schon die zitierten Vergleichsstellen zeigen, dass sich der Hebräerbrief mit seiner starken Betonung der Würde Melchisedeks an eine essenische Gemeinde richtete, die ein kultisches Mahl mit Brot und Wein ganz im Sinne Melchisedeks hielt. Tief hat sich der Verfasser in die Vorstellungen der Essener hineingedacht, um sie an ihrem Erkenntnisstand zu erreichen. Setzt man in Rechnung, dass die erhaltenen Teile der essenischen Texte nur einen Bruchteil ihrer einstigen Bibliothek ausmachen, ein überwiegender Anteil aber verloren oder nicht zu entziffern ist, so lässt sich abschätzen, dass andere Stellen noch deutlicher die Nähe zum Hebräerbrief zeigten. Die essenischen Glaubensvorstellungen lösen nicht nur das Rätsel, wer sich als Empfänger hinter den »Hebräern« verbirgt, sondern auch die Frage nach dem Anlass des Briefes.

Der schwedische Theologe Hans Kosmala hatte bemerkt, dass der theologische Wortschatz des Briefes mit essenischen Texten *weitgehend übereinstimmte,* und hatte im Laufe seiner *Studien zur Vorgeschichte der frühchristlichen Verkündigung Ende 1955 mit Untersuchungen über den Hebräerbrief begonnen …*[194] In dieser Zeit hatte auch Yigail Yadin als schriftkundiger Archäologe seine Forschung beendet. Das Ergebnis veröffentlichte er in einem klaren Aufsatz.[195] Seine gründliche Erörterung von Anspielungen des Hebräerbriefs auf die Rolle der Regel, die

194 H. Kosmala im Vorwort seiner Dissertation: Hebräer – Essener – Christen S. VII, Leiden 1959.

195 Y. Yadin 1958 S. 36–55.

Damaskusschrift und die Kriegsrolle verrät, dass ihn die Frage der gegenseitigen Berührung schon lange beschäftigt hatte. Als sein Aufsatz erschien, war die Melchisedekrolle noch nicht bekannt. Umso erstaunlicher ist es, wie eindeutig er damals die Hauptsache begriff, als er seine Überzeugung in die Worte fasste, *dass möglicherweise jene »Missing link«-Bewegung im Judentum, gegen deren Glaubensinhalte sich der HB wendet, die Sekte der Rollen vom Toten Meer ist.* Für ihn klärte sich die Frage nach den wahren Empfängern: *Wenn diese Behauptung Annahme findet, dann müssten darüber hinaus die Briefempfänger selber eine Gruppe von Juden bilden, die ursprünglich zu der Sekte gehörten und zum Christentum übergetreten waren, wobei sie einige ihrer früheren Glaubensinhalte beibehalten hatten*[196] – solche Inhalte, die im Hebräerbrief ausführlich behandelt und von Yadin sorgfältig herausfiltriert werden. Vielleicht waren die Briefempfänger sogar essenische Priester, die bereits getauft waren, aber keine klare Erkenntnis vom Sinn der Sendung Christi besaßen, weshalb der Verfasser seine Botschaft eindeutig auf den Hohenpriester Christus konzentrierte, der in seiner Person beide Messiasgestalten vereint. Bald nahmen sich weitere Forscher des Themas an, so Jean Daniélou, Johannes Zimmermann und F. M. Bruce, und deckten weitere Berührungspunkte der Schriftrollen mit dem Hebräerbrief auf.[197]

Als Kronzeuge für die Beziehung des Hebräerbriefs zu essenischen Texten gilt eine Schrift, die wegen ihrer häufigen Erwähnung des alttestamentlichen Priesterkönigs **Melchisedekrolle** (11Q Melch) genannt wird. Sie wurde 1956 entdeckt, aber erst neun Jahre später veröffentlicht und von jedem Forscher anders gedeutet. Bisher konnten fünfzehn Fragmente einer einzigen Kolumne entziffert werden; die übrigen Teile sind mit heutigen Mitteln nicht lesbar. Hauptthema der Rolle ist der Kampf Melchisedeks gegen Belial. Mit seinen vielen Bibelzitaten erinnert der Text an den Hebräerbrief, der auf ähnliche Art Gestalt und Sendung Melchisedeks erläutert. Die erhaltenen Zeilen kreisen um das Wirken Melchisedeks im großen Jubeljahr am Ende der Zeiten, wenn er *als der von Jesaja angekündigte Freudenbote den Frieden ausrufen, das Heil verkünden und die Gefangenen zurückbringen wird* (vgl. Jes 52,7), denn *der Freudenbote ist der Messias des Geistes, von dem*

196 Y. Yadin 1958 S. 38.

197 J. Daniélou, Qumran und der Ursprung des Christentums, 1958; J. Zimmermann, Messianische Texte aus Qumran, 1996.

Daniel gesprochen hat. Zuletzt, *wenn die Posaune erschallt,* werde er die dem Bund treu Gebliebenen *aus der Hand des Belial erretten* (vgl. Lev 25,9).

1965 waren viele Qumran-Forscher – unter der Voraussetzung, die »Melchisedekrolle« sei später als der Hebräerbrief entstanden – der Meinung, der essenische Autor habe Melchisedek als das *höchste aller Himmelswesen … auf Kosten Christi* und *in direktem Widerspruch zum Brief an die Hebräer* hingestellt.[198] Als Yigail Yadin jedoch den Text der Melchisedekrolle kennen lernte, frohlockte er, denn nun sah er seine These bestätigt: der Hebräerbrief führt essenische Gedanken weiter, wenn er die beiden Messiasse im Vorausbild des Melchisedek vereinigt. Die wenigen Zeilen dieser Rolle gaben Antwort auf die sieben Jahre zuvor offen gebliebene Frage: *wie und warum der Autor des Hebräerbriefes dazu kam, die Gestalt des Melchisedek als sein Hauptthema zu verwenden.* Jetzt verstand er: weil Melchisedek für die Theologen von Qumran eine genauso einzigartige Position einnahm wie ein eschatologischer Erlöser, erwählte ihn der Autor des Hebräerbriefes, *um seiner Auffassung von Jesu einzigartiger Position auf vertraute und entschiedene Weise Ausdruck zu geben.*[199] Jedenfalls musste Otto Michel als gründlicher Kenner des Hebräerbriefes 1989 eindeutig feststellen: *Die These von Y. Yadin ist noch nicht widerlegt*[200] – nämlich die These, dass der Brief die essenische Messiasvorstellung weiterführt. In diesem Weiterführen liegt für den Einsichtigen die Erklärung für die außergewöhnliche Thematik des Briefes.

Die **Tempelrolle**, die Yadin nach schwierigen Verhandlungen 1967 für Israel erwerben und entziffern konnte, gab ihm letzte Klarheit über die Beziehung von Essenern und Christen. Dieses *längste und vielleicht bedeutendste Manuskript vom Toten Meer* bekundete am stärksten *die essenische Kompromisslosigkeit, an der die Gemeinde schließlich zugrunde ging.* Niemals hätten diese rückwärts gewandten Essener, die sogar eine

198 M. DE JONGE/ A.S. VAN DER WOUDE, 11Q Melchizedek and the New Testament, New Test. Stud. 12 1965/66 301 ff., hier S. 326.

199 A.S. VAN DER WOUDE, Melchisedek als himmlische Erlösergestalt, in Oudtestamentische Studiën Bd 14, Leiden 1965, 354–373; Y. YADIN, A Note on Melchizedek and Qumran, Israel Exploration Journal Bd. 15, Jerusalem 1965 S. 153f.

200 O. MICHEL im Geleitwort zur Neuausgabe des Hebräerbrief-Kommentars von Franz Delitzsch, Gießen/Basel 1989 (Reprodruck).

Restitution des Tempelpriestertums anstrebten, Eindruck machen können auf die Christen.[201] Endgültig stand fest, dass ihre Beziehung umgekehrt war: Die Christen gewannen stärkeren Einfluss auf die Essener, wozu der Hebräerbrief als eine Art Programmschrift für die zu leistende Überzeugungsarbeit seinen Teil beitrug. Wie wäre es sonst zu erklären, dass nach der Niederschlagung der jüdischen Erhebung zwar andere Gruppierungen wie Sadduzäer, Pharisäer und Mandäer weiterexistieren, von den Essäern aber keine Rede mehr ist? Ihre Reste waren offenbar aufgegangen in den judenchristlichen Gemeinden (Ebioniten).

201 Y. Yadin, Die Tempelrolle – die verborgene Thora vom Toten Meer, München/Hamburg 1985 S. 265.

Das Fortwirken der Messias-Prophetie

Zuletzt soll uns die Frage beschäftigen, welches Echo die Ansicht von den drei Heilsgestalten im Lauf der Zeit gefunden hat. Sehr laut war dieses Echo zu keiner Zeit, weder damals noch heute. Doch ein beachtenswertes Zeugnis gibt es aus frühchristlicher Zeit. **Hippolyt**, ein römischer Bischof des 2. Jahrhunderts, sah unter Berufung auf die Testamente der zwölf Patriarchen, dass Jesus den priesterlichen und den königlichen Messias vereinte, da er sowohl aus dem Stamm Levi wie aus dem Stamm Juda hervorging. Vor nunmehr sechzig Jahren hat L. Mariès entdeckt, dass die griechische Abschrift von Hippolyts Abhandlung »Über die Segnungen Jakobs« an einer Stelle verstümmelt war. Mariès ergänzte den Text aus einer armenischen Abschrift folgendermaßen: *Wir finden nämlich Christus aus dem Stamm Levi als Priester des Vaters bezeichnet, der eine Vermischung des Stammes Levi mit dem Stamm Juda bewirkte, damit sich aus diesen beiden der Sohn Gottes sowohl als König wie als Priester erwies.* Mariès vermutet zu Recht, Hippolyt sei der erste Kirchenvater gewesen, der diese Tradition zur Kenntnis nahm.[202] Unter Hippolyts Einfluss übernahm sie dann Ambrosius, der Mailänder Bischof, und von diesem gelangte sie über einige andere auch auf den berüchtigten **Epiphanius**, den »Ketzerfresser« und Initiator einer gegen Origenes gerichteten Bewegung. Immerhin fügte er den Begriff der Verknüpfung ein; er schreibt: *Die beiden Stämme wurden miteinander verknüpft, nämlich der königliche mit dem priesterlichen und der priesterliche mit dem königlichen.*[203] Mit diesen frühen Kirchenmännern erlischt die Ableitung der messianischen Ämter Christi aus den alten Vorhersagen. Jene Lehre, die einmal als dreifache Messiaserwartung den tieferen Blick eines ganzen Zeitalters auf sich gezogen hatte, verflüchtigte sich immer mehr zu einer dünnen Abstraktion.

Aus völlig anderen Quellen leitet 200 Jahre nach Hippolyt der Kirchenhistoriker **Eusebius** die Ämter Christi her, worauf Karl Georg

202 L. Mariès 1951 S. 386 ff., S. 396 wörtlich: *Je ne sais si, avant Hippolyte, quelque autre Père de l'Église aura accepté cette tradition.*

203 Epiphanius Haer. 78,13, zitiert nach L. Maries 1951 S. 396.

Kuhn in seinem schon mehrfach zitierten Aufsatz von 1955 aufmerksam gemacht hat. Gleich im 1. Buch seiner Kirchengeschichte behauptet der Konstantinische Chronist, Christus habe die drei Ämter des endzeitlichen Propheten, des hohepriesterlichen und des königlichen Messias nach dem Vorbild des Moses in sich vereinigt: Moses salbte *den tauglichsten Mann zum Hohenpriester und nannte ihn Christus* (er meint die Salbung Aarons zum Hohenpriester, weil *Christus* »der Gesalbte« heißt), er gab seinem Nachfolger den Namen *Josua* (= Jesus) *als kostbares Ehrengeschenk … weil Jesus, der Sohn des Nun, unseren Erlöser vorbildete …* Zudem habe der Name *Christus* nicht nur die Hohenpriester und Könige geschmückt, denn auch einige Propheten seien gesalbt worden, *um sie zu Vorbildern Christi zu machen.* Daraus folgert Euseb: *Sie alle (die Hohenpriester, Könige und Propheten) sind also Hinweise auf den wahren Christus, den göttlichen und himmlischen Logos, den alleinigen Hohenpriester für alle, den alleinigen König der ganzen Schöpfung und den alleinigen Erzpropheten der Propheten des Vaters.*[204] Dass sich die Vorhersagen im Wirken Christi mit Johannes dem Täufer erfüllten, erkennt Eusebius nicht.

Eusebs Ableitung der dreifachen Wirksamkeit Christi von Moses legte den Grund für eine von vielen Kirchenlehrern weiter entwickelte Sichtweise, die sich auf die Formel bringen lässt: obwohl die Bibel kein geschlossenes Zeugnis darüber kennt, habe Christus alle drei Ämter in sich vereinigt, da er als Prophet den Willen Gottes verkündigte, als Priester mit Gott versöhnte und als König seine Gemeinde gründete, deren Haupt er blieb.

Obgleich **Petrus Chrysologus**, ein durch seine bündigen Sermone bekannter Bischof von Ravenna, die volle Typologie des Eusebius im 5. Jh. aufgegriffen hatte, kommt erst **Thomas von Aquin** im 13. Jh. dem Entwurf des Euseb wieder nahe. Er nennt Christus das Haupt aller Gnadengaben, aber indem er dem priesterlichen und dem königlichen Amt das gesetzgebende Amt voranstellt, schließt er das prophetische Amt aus und verliert mit der historisch-messianischen Anknüpfung des Euseb auch das dreiteilige Schema aus dem Blick.[205]

Nachdem **Augustinus** die Lehre auf das Doppelamt des Königs und Priesters beschränkt hatte, setzte sich nahezu ohne Unterbrechung bis

204 EUSEBIUS, I,3,7, 1967 S. 91.

205 M. SCHMAUS, Lexikon für Theologie und Kirche 1957, Art. »Ämter Christi«.

zur Reformationszeit die Ansicht von zwei Ämtern Christi fort. So spricht **Martin Luther** 1520 in seiner Schrift »Von der Freiheit eines Christenmenschen« vom *Königreich und Priestertum Christi.* Das prophetische Amt Christi lag seiner Vorstellung seltsamerweise fern, später deutet er die Gaben der drei Könige dual: mit Gold und Weihrauch ehren die Magier den König und künftigen Priester, die Myrrhe bedeute, *dass er sei gestorben und begraben.* Auch die älteren evangelischen Katechismen kennen nur zwei Ämter. Erst nach Luthers Tod lenken lutherische Theologen ihren Blick wieder auf die biblische Dreiheit.

Mit biblischer Begründung etablierte die *»Drei-Ämter-Lehre«* erst **Johannes Calvin** 1545 in gültiger Weise. Hatte er im 2. Buch seiner »Institutio christianae religionis« von 1536 nur zwei Ämter Christi erwähnt, fügt er in der Ausgabe von 1545 das prophetische Amt als drittes hinzu, was er in der letzten Ausgabe von 1559 noch einmal bestätigte. Ebenso wie Luther gab er dem priesterlichen Amt die letzte Stelle und begründete die Lehre vom dreifachen Amt Christi aus traditionellen Elementen in neuer Weise: *als Prophet* bringe der Messias das volle Licht der Erkenntnis, *als König* rüste er die Seinen nicht nur mit zeitlicher Hilfe, sondern mit Gütern für das ewige Leben aus, um den Gläubigen als Hirte und den Feinden als Richter zu erscheinen; *als Priester* erwirke er schließlich durch seine bleibende Gegenwart, dass Gott seinem Volk nicht als Richter, sondern wie ein Vater begegnet.

In der Neuzeit (seit 1946) greift **Karl Barth** (1886–1968) das Thema wieder auf; der demokratisch denkende reformierte Hauptheologe anerkennt Christus weder als Priester noch als König, stellt in vereinfachender Sicht Luthers Zweiteilung grundsätzlich in Frage und unterstellt alle Funktionen dem alleinigen Amt des Propheten Christus.

Ernst Käsemann erinnert 1953 daran, dass die älteste Christenheit in ihrem Glauben an den Auferstandenen vor allem am historischen Jesus der Evangelien interessiert war, um gnostisch-doketische Missverständnisse (also rein spiritualistische Möglichkeiten des Glaubens) abzuwehren.[206] Andere Systematiker betonen die Dreiheit (L. Schick, Das dreifache Amt Christi und der Kirche, 1982) oder im Anschluss an Luther wieder die Zweiheit der Ämter (Gerhard Ebeling, Die königlich-priesterliche Freiheit, in: Lutherstudien 3, 1985).

206 Nach Karin Bornkamm, Christus – König und Priester 1998 sowie Artikel »Amt Christi« derselben Autorin in RGG ^{4}1998.

Im Bereich der katholischen Lehre erbrachte die Zeit nach Thomas von Aquin nichts Neues. Im 18. Jh. entnahmen katholische Theologen der protestantischen Ämterlehre Anregungen für die Lehre von der Kirche, da die Kirche die Aufgabe Christi fortzusetzen habe. Man schwankte, ob die Ämter der Kirche den zwei Gebieten einer potestas ordinis und einer potestats iurisdictionis zuzuordnen seien oder den drei Gebieten der potestas docendi, regendi und sanctificandi. Schließlich entwickelte sich eine Zweiheit der Kirchenämter: man unterschied das Lehr- und Hirtenamt, das dem *Wort* dient, von dem Priesteramt, das dem sakramentalen *Werk* dient ebenso wie im Heilswirken Gottes, wo sich das *Wort* der Offenbarung von dem *Werk* der Gnade unterscheide.

An dieser Stelle sollte man noch einmal an die biblische Begründung denken: Wie konnten Theologen jemals die Überzeugung vertreten, Christus vereinige mehr als das priesterliche und das königliche Amt in sich? Hatte er selbst nicht stets das Prophetenamt Johannes des Täufers in seiner Eigenständigkeit anerkannt, der ihm den Weg zur Wahrheit und in den Tod voranging? (vgl. das Gespräch Jesu mit den drei Jüngern beim Abstieg vom Berg der Verklärung, hier referiert am Ende des Kapitels »Die drei Messiasgestalten im essenischen Schrifttum«).

Eher ist es möglich, die priesterliche und die königliche Würde Christi von seinem **Namen** herzuleiten. Da Jesus (als Kurzform von Jehoschua) bedeutet: *der Herr ist Rettung, ist Heil*, kennzeichnet der Name *»Jesus«* seine hohepriesterliche Verantwortung für die Gemeinde vor Gott, während der Titel »Christus« (als griechische Version des hebräischen Maschiah) in der Bedeutung *der Gesalbte* seine königliche Vollmacht im Verhältnis zur Welt zum Ausdruck bringt.[207] Die Bewertung der beiden Namen hat im Laufe der Zeit gewechselt. Sahen die frühen Christen den Titel Christus nur als Bestätigung seiner messianischen Aufgabe, so galt ihnen der Name Jesus als Ausdruck seiner esoterischen Sendung. Die frühchristliche Hochschätzung des Jesusnamens blieb bis zu Christoph Blumhardts Gebetsruf *»Jesus ist Sieger«* gegen die Dämonen erhalten, doch die Inflation des Jesus-Namens im 19. Jh. ent-

207 Nach dem apokryphen PHILIPPUS-EVANGELIUM Kap. 19 ist *Jesus* ein geheimer und *Christus* ein offenkundiger Name (in Apokryphe Evangelien aus Nag Hammadi, hg. K. Dietzfelbinger, Andechs ²1989 S. 99).

wertete seine Göttlichkeit; aus Jesus wurde der *schlichte Mann aus Nazareth* (Adolf von Harnack). Im Begriffsvermögen des 20. Jahrhunderts blieb für Jesus nur die irdisch-menschliche Hülle übrig. Darüber geriet das göttlich-kosmische Wesen des Christus in Vergessenheit, das bei der Taufe den Menschen Jesus erfüllte, wie Rudolf Steiner die Schilderung der Evangelien als Inkarnation Christi deutete.

Verfolgt man das geschichtliche Fortwirken der vorchristlichen Messiaserwartung, so zeigt sich ein zweifaches Ergebnis: Entweder verdünnte sie sich schon früh zu einer systematischen Einteilung von Ämtern Christi, oder sie verfestigte sich in der Anwendung auf die juristische Organisation der Kirche. Gegenüber diesem Dilemma stellt Rudolf Steiners geisteswissenschaftliche Entdeckung eine rettende Tat dar, denn sie bewahrt die historisch-wirkliche Existenz Jesu Christi als reale Mitte zwischen erdferner Verflüchtigung und juristischer Verdinglichung in geistwirklicher Anschauung, die Zwei-Messias-Lehre behält ihre apokalyptische Bedeutung.

Gegenüber aller spitzfindigen Ämter-Zuweisung und -Reduzierung sei abschließend an jene Deutung erinnert, die Rudolf Meyer der Sache mit den zwei Jesusknaben gegeben hat, als er die Antwort Jesu: *Wenn die Zwei eins werden, so dass es weder Männliches noch Weibliches gibt*[208] auf das Zentralgeheimnis der Menschwerdung Christi bezog, auf seine Einwohnung in der Menschenseele: Verbindet sich im Gläubigen die salomonisch-männliche Glaubenskraft mit der buddhistisch-empfänglichen Liebefähigkeit, so beginnt die Wiedergeburt, die den Sturz in die Zweigeschlechtlichkeit umkehrt zum Aufstieg in die übergeschlechtliche Menschlichkeit. Wie sich einst die höchsten Errungenschaften der Menschheit in Zarathustra und Buddha vereinten, um dem Christus die leiblichen und geistigen Hüllen zur Verfügung zu stellen, so müssen sich die höchsten Seelenqualitäten des Menschen bereiten, um im reinen Ich ein würdiges Empfangsorgan zu bilden für das Welten-Ich des Christus.

208 Als Antwort an Salome im Ägypterevangelium, zit. von R. Meyer, 1980/83 S. 230 f.

Epilog: 1909 – 1959 – 2009

Die Idee von zwei Jesusknaben trat nicht so plötzlich und isoliert auf, wie es schien, als Rudolf Steiner im September 1909 das erste Mal darüber sprach. Er hatte diese völlig neue Sichtweise sorgfältig vorbereitet. Und es brauchte Zeit, um sie abzusichern und ausreifen zu lassen. Wir sahen, welch hohes Maß an Verantwortung er für diese Gabe der geistigen Welt übernahm, als er sie in den folgenden Jahren weiter ausbaute und die Öffentlichkeit schriftlich damit vertraut machte. Diese Verantwortung lässt sich daran erkennen, dass er erst durch mehrere Jahre hindurch jede der beiden Grundströmungen der Menschheitsgeschichte und ihre Hauptvertreter Zarathustra und Buddha darstellte, bevor er 1909 ihr Wiederauftauchen bzw. ihre »Verjüngung« in der Vereinigung der beiden Jesusknaben beschrieb. In allen Vortragszyklen des Jahres 1909, vom Chronisten kurz mit ihren GA-Nummern 109–113 bezeichnet, hatte er *Grundlagen für ein Verstehen geschaffen.*[209] Obwohl die Bekanntgabe durch Rudolf Steiner auf den Tag genau datierbar ist, brauchte die neue Lehre doch einige Zeit zum Ausreifen; so konnte Steiner in den Folgejahren weitere Einzelheiten aufdecken.

Wir haben gesehen, wie Rudolf Steiner im Jahre 1910 wichtige Informationen zum Leben der Essäer mitteilte, über ihre Einweihung, das Schicksal ihrer Gemeinschaft, den Tod ihres Leiters, ihr Studium des messianischen Stammbaums und ihr soziales Engagement in Nazareth. Wären die Schriftrollen von Qumran damals schon bekannt gewesen, so hätte er zweifellos aus diesen Quellen noch ganz andere Ansichten ableiten können, insbesondere über die Lehre von dem zweifachen Messias und seinem Propheten. Das wurde erst fünfzig Jahre später möglich, als die authentischen Schriften entdeckt und entziffert waren.

Manchen Leser wird irritieren, dass wir Rudolf Steiners Sicht nach den Angaben der alten Quellen in Bezug auf die zeitliche Reihenfolge teilweise korrigieren mussten. Wer jedoch Ernst macht mit Steiners

209 Ch. Lindenberg, Chronik, 1988 S. 284.

generereller Anweisung, man möge seine Ausführungen unvoreingenommen an den Tatsachen prüfen, wird nach reiflicher Überlegung nicht umhin können, die Konsequenz unserer Folgerungen anzuerkennen, mag er sie nun zu seiner eigenen Überzeugung machen oder nicht. Man sollte auch nicht vergessen, dass für manchen Forscher unsere Korrektur eine wesentliche Erleichterung der komplizierten Darlegungen Steiners mit sich bringt, die es denen ermöglicht, das Neuland zu betreten, die bislang skeptisch an der Pforte stehen blieben. Neben der kleinen Korrektur bedeutet die Einsicht in die Existenz zweier Jesusfamilien einen unschätzbaren Gewinn für die Gesamtschau auf die Menschheitsgeschichte, deren zwei wichtigsten Geistesströmungen im Dasein Jesu Christi zusammenflossen – eine Tatsache, die zu dessen Lebenszeit kaum ein Mensch durchschaute.

Im fünfzigjährigen Abstand von Jubeljahren klären sich die geistigen Entwicklungsschritte eines ganzen Jahrhunderts: Im Jahre 1909 enthüllt Rudolf Steiner zum ersten Male das Geheimnis der zwei Jesusknaben. Fünfzig Jahre später erscheinen die ersten wissenschaftlichen Werke über die Schriftrollen vom Toten Meer und auch die ersten Untersuchungen über den Einfluss des Hebräerbriefs auf die Anschauungen der Essener, nachdem die vorangegangenen Jahre noch weitere Schriftrollen aus den Höhlen zutage gefördert hatten. Inzwischen sind abermals fünfzig Jahre vergangen – Anlass genug, dankbar der Tatsache zu gedenken, dass Rudolf Steiner vor nunmehr hundert Jahren den Schlüssel gereicht hat, um die alten Dokumente zu öffnen und den Zusammenhang von lange Zeit unvereinbaren Vorgängen aus vorchristlicher und nachchristlicher Zeit zu erschließen.

Wir haben die großen Linien dieses besonderen Themenbereichs aufzuzeigen versucht. Je dichter man an der zentralen Frage bleibt, wie der Gottessohn zu einem Angehörigen der Menschheit werden konnte, desto deutlicher erweisen sich viele Einzelheiten als tragende Elemente, so wie man beim Betreten einer gothischen Kathedrale zunächst verwirrt ist von der Vielfalt der Pfeiler und Strebebögen, bis man genauer erkennt, wie sie miteinander das hohe Gewölbe tragen.

Anhang

1) Die Kindheit Jesu nach Matthäus 1 und 2:

1 Buch des Werdens Jesu Christi, des Sohnes Davids, des Sohnes Abrahams: 2 Abraham weckte zum Leben Isaak, Isaak den Jakob, Jakob den Juda und seine Brüder. 3 Juda weckte zum Leben seine Söhne Phares (Perez) und Zara von der Thamar, Phares den Hesrom, Hesrom den Aram. 4 Aram weckte zum Leben Aminadab, Aminadab den Naasson, Naasson den Salmon. 5 Salmon weckte zum Leben Boas aus der Rahab, Boas den Jobed von der Ruth, Jobed den Jesse, 6 und Jesse weckte zum Leben David, den König. David weckte zum Leben Salomo von der Frau des Uria, 7 Salomo den Rehabeam, Rehabeam den Abia, Abia den Asaph. 8 Asaph weckte zum Leben Josaphat, Josaphat den Joram, Joram den Usija, 9 Usija weckte zum Leben Joatham, Joatham den Ahas, und Ahas den Hiskia. 10 Hiskia weckte zum Leben Manasse, Manasse den Amōs, Amōs den Josia, 11 Josia den Jechonja und dessen Brüder zur Zeit der Verschleppung nach Babylon. 12 Nach dem babylonischen Exil weckte Jechonja den Sealthiel zum Leben, Sealthiel Serubabel 13 und Serubabel den Abiud. Abiud weckte zum Leben Achim, Achim den Eljakim, und Eljakim den Asor. 14 Asor weckte zum Leben Sadok, Sadok den Achim und Achim den Elihud. 15 Elihud weckte zum Leben Eleasar, Eleasar den Matthan, Matthan den Jakob, 16 und Jakob weckte zum Leben Joseph, den Mann der Maria, von der geboren wurde Jesus, der genannt wird der Christus.

17 Alle Geschlechter von Abraham bis David sind vierzehn, von David bis zur Verschleppung nach Babylon sind vierzehn Geschlechter, und von der Verschleppung nach Babylon bis Christus sind es ebenfalls vierzehn Geschlechter.

18 Die Geburt Jesu Christi kam so zustande: Als seine Mutter Maria verlobt war mit Joseph, fand es sich, bevor sie zusammenkamen, dass sie schwanger war von dem Heiligen Geist. 19 Doch Joseph, ihr Mann, der gerecht lebte, wollte ihr Geheimnis nicht preisgeben und überlegte, sie heimlich zu entlassen. 20 Als er das in seinem Gemüt erwog, siehe, da

erschien ihm ein Engel des Herrn im Traum und sprach: *Joseph, du*
Sohn Davids, fürchte dich nicht, Maria als deine Frau anzunehmen, denn was
sie im Inneren trägt, ist aus dem heiligen Geist geworden. 21 *Sie wird einen*
Sohn gebären, und du sollst ihm den Namen Jesus geben, denn er wird die Welt
von ihren Sünden heilen. 22 *Dies alles ist geschehen, damit sich erfülle, was*
Gott durch den Propheten gesagt hat:

23 *Siehe, die Jungfrau wird schwanger sein und einen Sohn gebären;*
man wird ihn nennen Immanuel, das heißt übersetzt: Mit uns ist Gott.★

24 Als Joseph vom Schlaf erwachte, handelte er so, wie ihm der Engel
des Herrn geboten hatte, und nahm seine Frau an. 25 Und er erkannte
sie nicht, bis sie einen Sohn gebar, und gab ihm den Namen Jesus.

2 Als Jesus geboren war zu Bethlehem im Land Judäa in den Tagen
des Königs Herodes, kamen weise Magier aus östlichen Ländern nach
Jerusalem 2 und fragten: *Wo ist der neugeborene König der Juden? Wir*
haben seinen Stern im Aufgang gesehen und sind gekommen, ihm zu huldigen.
3 Als das der König Herodes hörte, war er bestürzt und ganz Jerusalem
mit ihm. 4 Er ließ alle Hohepriester und Schriftkundigen des Volkes
zusammenrufen und erfragte von ihnen, wo der Messias geboren wer-
den solle. 5 Sie sagten ihm: *Zu Bethlehem in Judäa, denn so steht es*
geschrieben durch den Propheten:

6 *Und du, Bethlehem im Lande Juda,*
zwar zählst du nicht zu den Fürstensitzen Judas,
aber aus dir wird hervorgehen ein Fürst,
der mein Volk Israel zur Weide führen wird.★★

7 Darauf berief Herodes heimlich die Weisen und erkundete genau
von ihnen die Zeit, wann der Stern erschienen sei. 8 Dann sandte er sie
nach Bethlehem und sprach: *Geht hin und erforscht alles genau über dieses*
Kind, und habt ihr es gefunden, dann berichtet es mir, damit auch ich hingehen
und ihm huldigen kann. 9 Als sie den König angehört hatten, zogen sie
dahin, und siehe, der Stern, den sie im Aufgang gesehen hatten, ging
ihnen voran, bis er stehen blieb über dem Ort, wo sich das Kind
befand. 10 Als sie den Stern sahen, erfüllte sie übergroße Freude. 11 Sie
traten in das Haus und erblickten das Kind mit Maria, seiner Mutter,
knieten nieder und huldigten ihm; dann öffneten sie ihre Schatzkästen
und reichten ihm als Geschenke dar Gold, Weihrauch und Myrrhe.

★ Jes 7,14
★★ aus Micha 5,1

12 Im Traum erhielten sie die Weisung, nicht wieder zu Herodes zurückzukehren, und so zogen sie auf einem anderen Weg wieder heimwärts in ihr Land.

13 Als sie davongezogen waren, siehe, da erschien der Engel des Herrn dem Joseph im Traum und sagte: *Erhebe dich, nimm das Kind und seine Mutter und fliehe nach Ägypten und bleibe dort, bis ich es dir sage; denn Herodes will das Kind suchen, um es zu vernichten.* 14 Da machte er sich auf, nahm das Kind und seine Mutter noch in der Nacht und zog nach Ägypten. 15 Dort blieb er bis zum Ende des Herodes, so dass sich erfüllte, was von Gott durch den Propheten gesagt ist:

*Aus Ägypten rief ich meinen Sohn.**

16 Als Herodes sah, dass er von den Weisen getäuscht war, ergrimmte er heftig, schickte hin und ließ in Bethlehem und im ganzen Umkreis alle Kinder umbringen, die zwei Jahre und darunter waren, der Zeit entsprechend, die er von den Weisen erfragt hatte. 17 So erfüllte sich das Wort des Propheten Jeremia:

18 *Rufe hörte man in Rama,*
lautes Schreien und Wehklagen:
Rahel weint um ihre Kinder und will sich nicht trösten lassen,
*weil sie nicht mehr da sind.***

19 Als es mit Herodes zu Ende war, siehe, da erschien der Engel des Herrn in Ägypten dem Joseph im Traum 20 und sprach zu ihm: *Erhebe dich, nimm das Kind und seine Mutter und ziehe in das Land Israel; denn nun sind gestorben, die dem Kinde nach dem Leben trachten.* 21 Da machte er sich auf, nahm das Kind und seine Mutter und zog nach Israel. 22 Als er aber hörte, dass Archelaos anstelle seines Vaters Herodes über Judäa herrsche, fürchtete er sich, dorthin zu gehen. Einer Weisung folgend, die er im Traum erhielt, wich er aus in das Gebiet von Galiläa. 23 Er kam und ließ sich nieder in einer Stadt namens Nazareth. So erfüllte sich, was durch den Propheten gesagt ist: *Er wird ein Nazoräer genannt werden.****

Kommentar:

Mit der Geburt und der Anbetung der Weisen ist das Vorevangelium des Matthäus noch nicht vollständig, es gehören auch die nachfolgen-

* aus Hos 11,1 und Num 23,22

** aus Jer 31,15

*** aus Ri 13,5 bzw. 16,17

den Episoden dazu: Jesu Begegnung mit Johannes dem Täufer, die Taufe selbst und die Versuchung. Jede einzelne dieser insgesamt neun Episoden beschließt der Evangelist mit einem Zitat aus dem Alten Testament; zuletzt rundet er die gesamte Reihe mit einem auffällig langen Jesaja-Zitat ab. Dabei zeigt sich zum ersten Mal ein »Kunstgriff«, den auch andere Evangelisten anwenden: nicht buchstäblich genau zu zitieren, sondern den Wortlaut geringfügig zu verändern. Bei dem Jesaja-Zitat verwandelt der Evangelist die Zukunftsfassung des Propheten in die Vergangenheit: *Das Volk, das im Finstern saß, hat ein großes Licht erblickt, und die da saßen im Schattenland, denen ist die Sonne aufgegangen* (Mt 4_{16}). Das heißt: die Vorbereitung Jesu auf sein Messias-Amt ist durch die Ankunft Jesu in Galiläa vollendet. Das bedeutet: Die Überschrift darf nicht auf ein *»Buch der Geburt Jesu Christi«* eingeschränkt werden, wie es Luthers Übersetzung suggeriert (das entsprechende griechische Wort lautet eben nicht gennesis, sondern genesis!), vielmehr betrifft *»Werden«* das tiefere Anliegen des Matthäus, der nicht nur die *»Geburt«* Jesu beschreiben will, sondern sein *Werden* oder die *»Einführung Jesu in sein Messiasamt«*.* So erhalten die Worte: *Buch des Werdens Jesu Christi, des Sohnes Davids, des Sohnes Abrahams* den Wert einer Überschrift für den gesamten Teil von 1,1 bis 4,16.

2) Die Kindheit Jesu nach Lukas 1 und 2:

1[5]In den Tagen des Königs Herodes von Judäa gab es einen Priester
namens Zacharias aus der Priestergruppe des Abia; er hatte eine Frau
aus den Töchtern Aarons, deren Name war Elisabeth. [6]Beide lebten
gerecht vor Gott und verhielten sich unbescholten nach den Geboten
und Satzungen des Herrn. [7]Sie hatten jedoch kein Kind, da Elisabeth
unfruchtbar war, auch standen beide schon in vorgerücktem Alter. [8]Als
er einmal in der Ordnung seiner Gruppe den Dienst vor Gott zu ver-
sehen hatte, begab es sich, [9]dass er dem Tempelritus gemäß zur Dar-
bringung des Rauchopfers das Heiligtum des Herrn betrat, [10]während
die Menge draußen die Zeit des Rauchopfers im Gebet verharrte.

* Joseph Kürzinger in seiner Übersetzung des Matthäusevangeliums, Das Neue Testament, Würzburg 1962 bzw. Die Heilige Schrift … hg. V. Hamp/M. Stenzel/J. Kürzinger (Augsburg, Pattloch 1994) S. 1242.

11 Da erschien ihm der Engel des Herrn auf der rechten Seite des
Rauchopferaltars. 12 Als Zacharias ihn sah, war er bestürzt, und Furcht
befiel ihn, 13 doch der Engel sprach zu ihm: Fürchte dich nicht, Zacha-
rias, denn dein Beten ist erhört worden, und deine Frau Elisabeth wird
dir einen Sohn gebären und du sollst ihm den Namen Johannes geben.
14 Freudc und Jubel soll es für dich bedeuten, und viele werden sich
freuen über seine Geburt. 15 Denn er wird groß sein vor dem Herrn,
weder Wein noch Bier wird er trinken, doch erfüllt von heiligem Geist
wird er vom Mutterleib an sein, 16 und viele der Söhne Israels wird er
dem Herrn, ihrem Gott, zuwenden. 17 Er ist es, der vor ihm hergehen
wird im Geist und in der Kraft des Elia, um hinzuwenden die Herzen
der Väter zu den Kindern und die Widerspenstigen zur Gesinnung von
Gerechten und so dem Herrn ein wohlgeordnetes Volk zu bereiten.
18 Da sagte Zacharias zu dem Engel: Woran kann ich das erkennen? Bin
ich doch schon alt, auch meine Frau ist hochbetagt. 19 Doch der Engel
entgegnete: Ich bin Gabriel, der vor Gott steht, und wurde gesandt, zu
dir zu sprechen und dir diese Freudenbotschaft zu bringen. 20 Siehe, du
wirst stumm sein und nicht mehr sprechen können bis zu dem Tage, da
dies geschehen wird, darum, dass du nicht vertraut hast meinen Wor-
ten, die sich zu ihrer Zeit erfüllen werden. 21 Das Volk wartete auf
Zacharias, und alle wunderten sich, dass er so lange im Tempel ver-
weilte. 22 Als er heraustrat, vermochte er nicht zu ihnen zu sprechen,
und sie begriffen, dass er im Tempel eine Schauung gehabt hatte; er gab
ihnen Zeichen und blieb stumm. 23 Und als die Tage seines Dienstes zu
Ende waren, kehrte er zurück in sein Haus. 24 Nach diesen Tagen
wurde Elisabeth seine Frau schwanger und hielt sich fünf Monate ver-
borgen. Sie sprach: 25 Das hat der Herr an mir getan in den Tagen, als er
auf mich schaute, um meine Schmach vor den Menschen zu tilgen.

26 Im sechsten Monat [ihrer Schwangerschaft] wurde der Engel
Gabriel von Gott gesandt in eine Stadt von Galiläa namens Nazareth
27 zu einer Jungfrau, die verlobt war mit einem Manne namens Joseph
aus dem Hause Davids; der Name der Jungfrau war Maria. 28 Der Engel
kam zu ihr herein und sprach: Sei gegrüßt, du Begnadete! Der Herr ist
mit dir. 29 Sie war bestürzt bei diesem Wort und überlegte, was dieser
Gruß bedeuten könnte. 30 Da sagte der Engel zu ihr: Fürchte dich
nicht, Maria, denn du hast Gnade gefunden bei Gott. 31 Siehe, du wirst
schwanger werden und einen Sohn gebären; den sollst du Jesus nen-
nen. 32 Dieser wird groß sein und ein Sohn des Höchsten genannt wer-

den, und Gott der Herr wird ihm den Thron seines Vaters David
geben; 33 er wird für alle Zeiten herrschen über das Haus Jakob, sein
Reich wird nie ein Ende haben.

34 Da sprach Maria zu dem Engel: Wie wird das geschehen, da ich
keinen Mann kenne? 35 Und der Engel antwortete: Heiliger Geist wird
auf dich kommen und die Kraft des Höchsten wird dich überschatten;
darum wird auch das Heilige, was da geboren wird, »Gottes Sohn«
genannt werden. 36 Und siehe, auch Elisabeth, deine Verwandte, hat
einen Sohn in ihrem Alter empfangen, und dies ist schon der sechste
Monat für sie, die als unfruchtbar galt; 37 denn bei Gott ist kein Ding
unmöglich. 38 Da sprach Maria: Siehe, ich bin die Magd des Herrn; mir
geschehe nach deinem Wort. Und der Engel verließ sie.

39 Maria machte sich in diesen Tagen auf den Weg und eilte in die
Stadt Jutta im Bergland; 40 sie trat in das Haus des Zacharias ein und
begrüßte Elisabeth. 41 Und da geschah es: als Elisabeth den Gruß
Marias vernahm, hüpfte das Kind in ihrem Leibe, Elisabeth wurde
vom heiligen Geist erfüllt 42 und rief mit lauter Stimme: Gesegnet
bist du unter den Frauen und gesegnet ist die Frucht deines Leibes!
43 Wie geschieht es mir, dass die Mutter meines Herrn zu mir kommt?
44 Denn siehe, als der Klang deines Grußes an mein Ohr drang, da
hüpfte vor Freude das Kind in meinem Schoß. 45 Selig, die darauf ver-
traute, dass Erfüllung findet, was ihr vom Herrn gesagt worden ist.
46 Da sprach Maria: Meine Seele preist die Größe des Herrn 47 und
mein Geist frohlockt über Gott, meinen Heiland, 48 denn er hat die
Demut seiner Magd bemerkt; denn siehe, von nun an werden mich
selig preisen alle Geschlechter, 49 Großes hat an mir der Mächtige
getan, und heilig ist sein Name. 50 Sein Erbarmen gilt für alle kommen-
den Geschlechter denen, die sich in Ehrfurcht vor ihm beugen. 51 Er
übte Macht aus mit seinem Arm, zerstreut hat er, die sich überheblich
dünkten im Sinnen ihres Herzens; 52 Mächtige hat er von ihren Thro-
nen gestürzt und Demütige erhöht, 53 Hungernde sättigt er mit guten
Gaben und schickt Reiche mit leeren Händen weg. 54 Seines Knechtes
Israel hat er sich angenommen, seines Erbarmens zu gedenken, 55 wie
er es unsern Vätern versprach, Abraham und seinen Nachkommen für
alle Zeit.

56 Maria blieb fast drei Monate bei ihr; dann kehrte sie wieder heim
in ihr Haus. 57 Für Elisabeth aber erfüllte sich die Zeit ihrer Nieder-
kunft, und sie gebar einen Sohn. 58 Als ihre Nachbarn und Verwandten

hörten, welch große Güte ihr der Herr erwiesen hatte, freuten sie sich mit ihr. 59 Und es geschah: Als sie am achten Tag zur Beschneidung des Kindes kamen, wollten sie ihm den Namen seines Vaters Zacharias geben. 60 Da entgegnete ihnen seine Mutter und sagte: Nein, er soll Johannes heißen! 61 Und sie erwiderten ihr: Es gibt keinen in deiner Verwandtschaft, der diesen Namen trägt. 62 Dann wandten sie sich an seinen Vater, welchen Namen er ihm geben wolle. 63 Er bat um ein Täfelchen und schrieb darauf: Johannes ist sein Name. Da verwunderten sich alle. 64 In diesem Augenblick öffnete sich sein Mund und seine Zunge löste sich, er konnte wieder sprechen und lobte Gott. 65 Da fiel Furcht auf alle, die davon hörten, und im gesamten Bergland von Judäa verbreitete sich die Kunde von dieser Begebenheit. 66 Alle, die davon hörten, bewegte in ihren Herzen die Frage: Was wird aus diesem Kinde werden? Denn die Hand des Herrn ist mit ihm.

67 Da begann sein Vater Zacharias, von heiligem Geist erfüllt, prophetische Worte zu sprechen: 68 Gepriesen sei der Gott Israels, denn heimgesucht hat er sein Volk und ihm Erlösung bereitet! 69 Er hat uns ein Horn des Heiles aufgerichtet im Hause seines Knechtes David, 70 wie er es durch den Mund seiner heiligen Propheten verkündigt hat von jeher: 71 Uns zu erretten von unseren Feinden und aus der Hand all derer, die uns hassen, 72 Erbarmen zu erweisen unsern Vätern und zu gedenken seines heiligen Bundes, 73 des Eides, den er unserm Vater Abraham geschworen, uns zu gewähren, 74 dass wir, erlöst aus Feindeshand, ihm furchtlos dienen 75 in Heiligkeit und Gerechtigkeit vor seinem Angesicht all unsere Tage. 76 Du Kindlein, wirst ein Prophet des Höchsten heißen, du wirst dem Herrn vorangehn, um seine Wege zu bereiten, 77 dem Volk Erkenntnis von der Errettung zu vermitteln durch Tilgung ihrer Sündenschuld 78 aus dem herzlichen Erbarmen unseres Gottes, wodurch auf uns herniederscheint der Sonnenaufgang aus der Höhe, 79 um alle zu erleuchten, die in Finsternis und Todesschatten sitzen, und unsre Füße zu lenken auf den Pfad des Friedens. 80 Der Knabe wuchs heran und erstarkte im Geist. Er blieb in der Einsamkeit der Wüste bis zu dem Tag, da er hintreten sollte vor das Volk Israel.

2 1 Es geschah in jenen Tagen, dass ein Erlass von dem Kaiser Augustus ausging, alle Einwohner des gesamten Reiches aufzuschreiben. 2 Diese erste Volkszählung geschah in der Zeit, als Quirinius Statthalter von Syrien war. 3 Und alle machten sich auf den Weg, ein jeder in seine Vaterstadt, um sich eintragen zu lassen. 4 Da zog auch Joseph von Gali-

läa aus der Stadt Nazareth hinauf nach Judäa in die Stadt Davids, die
Bethlehem heißt, weil er aus dem Hause und der Sippe Davids war,
5 um sich eintragen zu lassen mit Maria, der ihm angetrauten Gattin;
die war schwanger. 6 Es geschah aber, als sie dort waren, dass sich für
Maria die Tage ihrer Niederkunft erfüllten, 7 und sie gebar ihren Sohn,
den Erstgeborenen, wickelte ihn in Windeln und legte ihn in eine
Krippe, weil für sie kein Platz in der Herberge war.

8 Und Hirten waren in derselben Gegend, die hielten Nachtwache
bei ihrer Herde. 9 Auf einmal stand der Engel des Herrn bei ihnen, die
Offenbarung Gottes umleuchtete sie, und große Furcht überkam sie.
10 Da sprach der Engel zu ihnen: Fürchtet euch nicht! Siehe, ich ver-
kündige euch große Freude, die allen Völkern zuteil werden soll:
11 Euch ist heute der Retter geboren in der Stadt Davids. 12 Und dies
sei euch das Zeichen: Ihr werdet ein neugeborenes Kind finden, in
Windeln gewickelt und in einer Krippe liegend. 13 Und plötzlich war
bei dem Engel die Menge der himmlischen Schar, die lobten Gott und
riefen: 14 Geoffenbaret sei Gott in den Höhen, und Frieden auf Erden
bei den Menschen, die guten Willens sind. 15 Als die Engel von ihnen
wieder zum Himmel zurückkehrten, sagten die Hirten zueinander:
Lasst uns sogleich hingehen nach Bethlehem und das Ereignis sehen,
das uns der Herr kundgetan hat. 16 Und eilends kamen sie und fanden
Maria und Joseph und das neugeborene Kind in der Krippe liegend.
17 Als sie es aber sahen, machten sie das Wort bekannt, das ihnen über
dieses Kind gesagt worden war. 18 Und alle, die es hörten, staunten über
das, was die Hirten erzählten. 19 Maria aber behielt alle diese Worte und
bewegte sie in ihrem Herzen. 20 Und die Hirten kehrten wieder um,
sie priesen und lobten Gott für alles, was sie hören und sehen konnten,
so wie es ihnen gesagt worden war.

21 Als sich die acht Tage vollendeten, ihn zu beschneiden, wurde ihm
der Name Jesus gegeben, den der Engel schon vor seiner Empfängnis
genannt hatte. 22 Und als die Tage der Reinigung nach dem Gesetz des
Moses erfüllt waren, brachten sie ihn hinauf nach Jerusalem, um ihn
dem Herrn darzustellen, 23 wie im Gesetz des Herrn geschrieben steht:
»Jede männliche Erstgeburt soll dem Herrn geweiht werden«, 24 und
um das Opfer zu bringen gemäß dem Gesetz des Herrn: »ein Paar Tur-
teltauben oder zwei junge Tauben«.

25 Und siehe, in Jerusalem war ein Mensch namens Symeon, und
dieser Mensch war gerecht und fromm und wartete auf den Trost Isra-

els, und heiliger Geist war auf ihm. [26] Er hatte vom heiligen Geist die Weissagung erhalten, dass er noch vor seinem Tode den Gesalbten des Herrn erblicken werde. [27] Auf Eingebung des Geistes kam er in den Tempel, und als die Eltern das Kind Jesus hereintrugen, um an ihm den Brauch des Gesetzes zu erfüllen, [28] nahm er es in die Arme und dankte Gott mit den Worten: [29] Nun lass deinen Diener in Frieden sterben, Herr, wie du gesagt hast, [30] denn meine Augen haben Dein Heileswirken gesehen, [31] das Du bereitet hast vor allen Völkern, [32] ein Licht zur Offenbarung für die Heidenvölker und zur Ehre deines Volkes Israel. [33] Sein Vater und seine Mutter wunderten sich über das, was über das Kind gesagt wurde, [34] und Symeon segnete sie und sagte zu Maria, seiner Mutter: Siehe, er ist bestimmt zum Fall und zur Aufrichtung von vielen in Israel und zu einem Zeichen, das Widerspruch erweckt – [35] auch deine eigene Seele wird ein Schwert durchbohren – damit offenbar werden die Gedanken aus vielen Herzen.

[36] Da war auch eine Prophetin namens Hanna, eine Tochter Phanuels aus dem Stamm Asser; sie hatte nach ihrer Jungfrauenzeit mit ihrem Mann sieben Jahre gelebt; [37] als Witwe stand sie nun hochbetagt im Alter von vierundachtzig Jahren. Nie entfernte sie sich vom Tempel und diente Gott mit Fasten und Gebeten bei Tag und Nacht. [38] Auch sie kam zur selben Stunde herbei und brachte ihren Dank vor Gott dar und sprach über das Kind zu allen, die in Jerusalem die Erlösung erwarteten. [39] Und als sie alles vollbracht hatten, was das Gesetz des Herrn vorschreibt, kehrten sie heim nach Galiläa in ihre Stadt Nazareth. [40] Der Knabe aber wuchs heran und erstarkte im Geist, von Weisheit erfüllt, und Gottes Gnade lag auf ihm.

[41] Seine Eltern wanderten jedes Jahr zum Passahfest nach Jerusalem. [42] Als er zwölf Jahre alt geworden war, zogen sie nach ihrer Gewohnheit hinauf zum Fest, [43] und als die Tage vorüber waren und sie wieder heimkehrten, blieb der Knabe Jesus in Jerusalem zurück, ohne dass es seine Eltern wussten. [44] In der Meinung, er sei bei den Reisegefährten, zogen sie eine Tagesreise weit und suchten ihn unter den Verwandten und Bekannten. [45] Als sie ihn nicht fanden, kehrten sie nach Jerusalem zurück und suchten ihn dort. [46] Da geschah es: nach drei Tagen fanden sie ihn im Tempel. Er saß mitten unter den Lehrern und hörte ihnen zu und richtete Fragen an sie. [47] Und alle, die ihn hörten, waren außer sich vor Staunen über sein Verständnis und seine Antworten. [48] Als sie ihn sahen, erschraken sie, und seine Mutter sprach zu ihm: *Kind, wie konn-*

test du uns das antun? Sieh doch, dein Vater und ich, wir haben dich mit
Schmerzen gesucht! [49] Da sagte er zu ihnen: *Warum habt ihr mich denn*
gesucht? Wusstet ihr nicht, dass ich sein muss in dem, was meinem Vater gehört?
[50] Sie begriffen nicht, was er ihnen damit sagen wollte. [51] Und er zog
mit ihnen hinab, kam nach Nazareth und fügte sich ihnen. Seine Mut-
ter bewahrte alle Worte in ihrem Herzen. [52] Und Jesus schlug voran an
Weisheit und Reife und Hingabekraft vor Gott und den Menschen.

Kommentar:
Lukas umfasst mit dem Vorevangelium alles, was ihm wichtig ist von den Geburtsgeschichten Johannes des Täufers und Jesu von Nazareth. Es liegt Lukas daran, das von wunderbaren Umständen begleitete Heranwachsen der beiden das Geschehen tragenden Gestalten zu zeigen, um den Leser vertraut zu machen mit ihrer schlichten Menschlichkeit, bis zur Begegnung der beiden Verwandten im Mannesalter, als Jesus an den Jordan kommt, um sich taufen zu lassen, während Matthäus das geistige Werden des gottgesandten Messias und seine Bewahrung vor den Nachstellungen der Finsternismächte darstellt.

Mit dem Auftreten Johannes des Täufers und mit der Taufe Jesu, die Lukas gleich an die Begebenheit mit dem 12jährigen Jesus anschließt, geht der Evangelist zu seinem zentralen Anliegen über: dem Wirken Christi. Erst nachdem ihn bei der Taufe die Himmelsstimme als den Sohn Gottes bestätigt hat mit den Worten *»Mein Sohn bist du, heute habe ich dich gezeugt«*, fügt der Evangelist die Ahnentafel Jesu ein. Er reicht sie gewissermaßen nach als irdisches Äquivalent zu der Gottesstimme. Sowohl die Gottesstimme bei der Taufe wie die Abstammung von Adam, die Lukas noch bis zu ihrem ersten Ursprung in Gott zurückführt, »legitimieren« Jesus als Sohn Gottes, denn die irdische Herkunft geht ebenso wie die himmlische auf den göttlichen Schöpfergrund zurück.

3) Das Protevangelium des Jakobus

Die Geburt Marias
1. [1]In den Geschichten der zwölf Stämme galt Joachim als reich; er
brachte seine Opfergaben für den Herrn doppelt dar, denn er sagte
sich: Was ich zuviel darbringe, soll für das ganze Volk sein, und was ich
zur Vergebung Gott dem Herrn (darbringe), für mich zur Sühne.

[2]Nun kam der große Tag des Herrn heran, und die Söhne Israels brachten ihre Gaben dar. Da trat auch Rubel vor ihn hin und sagte: Es ist dir nicht erlaubt, als erster deine Gaben zu bringen, denn du hast keinen Nachkommen in Israel erschaffen. [3]Da wurde Joachim sehr traurig, und er ging weg zu dem Zwölfstämmeregister des Volkes, er sagte sich: Ich werde nachsehen im Zwölfstämmeregister Israels, ob ich der einzige bin, der keine Nachkommen in Israel geschaffen hat. Er forschte nach und fand, dass alle Gerechten in Israel Nachkommen erweckt hatten. Und er gedachte des Erzvaters Abraham, dem Gott der Herr noch in seinen letzten Tagen den Isaak als Sohn geschenkt hatte. [4]Da überfiel ihn Trauer und er zeigte sich nicht seiner Frau, sondern begab sich in die Wüste. Dort schlug er sein Zelt auf und fastete vierzig Tage und vierzig Nächte, denn er sagte sich: Ich werde nicht hinabsteigen weder zum Essen noch zum Trinken, bis der Herr mein Gott auf mich achtet; mein Gebet wird mir Speise und Trank sein.

2. [1]Seine Frau Anna aber stimmte ein zweifaches Klagelied an und erhob ein zweifaches Wehklagen, indem sie sprach: Meine Witwenschaft will ich beklagen und will beweinen meine Kinderlosigkeit.

[2]Da nahte der große Tag des Herrn. Und ihre Magd Euthine sprach zu ihr: Wie lange willst du deine Seele beugen? Sieh doch, der große Tag des Herrn kommt, da darfst du nicht traurig sein. Nimm lieber dieses Kopftuch, das mir die Arbeitsherrin gab; ich darf es nicht tragen, weil ich deine Magd bin und es doch königliches Gepräge hat. [3]Da sagte Anna: Tu es weg von mir! Gott der Herr hat mich so tief gebeugt. Vielleicht hat es dir ein Betrüger geschenkt und du kommst, um mich zum Teilhaber an deiner Sünde zu machen. Da entgegnete die Magd Euthine: Was soll ich dir noch Böses wünschen, weil du nicht auf mich hörst? Gott der Herr hat ja schon deinen Mutterschoß verschlossen, um dir keine Frucht in Israel zu geben. [4]Da wurde Anna traurig, doch sie legte die Trauerkleider ab, wusch sich das Haupt und legte ihre Brautgewänder an. Um die neunte Stunde ging sie hinunter in ihren Garten, um darin zu spazieren. Und sie sah einen Lorbeerbaum und setzte sich darunter, und als sie sich ausgeruht hatte, flehte sie inständig zum Herrn mit den Worten: Gott meiner Väter, segne mich und erhöre mein Flehen, wie du gesegnet hast die Mutter Sara und gabst ihr einen Sohn, den Isaak.

3. [1]Und Anna blickte auf zum Himmel, da sah sie ein Spatzennest in dem Lorbeerbaum. Sogleich erhob sie ihre Klage und sagte bei sich:

Weh mir, wer hat mich gezeugt? Welche Mutter hat mich zum Leben gebracht? Denn zum Fluch bin ich geboren vor den Söhnen Israels. Ich wurde geschmäht, sie verspotteten mich und vertrieben mich aus dem Tempel des Herrn, meines Gottes.

[2]Weh mir, wem bin ich gleich geworden? Nicht wurde ich den Vögeln des Himmels gleich, denn sogar die Vögel des Himmels sind fruchtbar vor Dir, Herr.

Weh mir, wem wurde ich gleich? Nicht wurde ich gleich den sprachlosen Wesen, denn selbst die sprachlosen Wesen sind fruchtbar vor Dir, o Herr.

Weh mir, wem wurde ich gleich? Nicht wurde ich gleich den Tieren der Erde, denn auch die Tiere der Erde sind fruchtbar vor Dir, o Herr.

[3]Weh mir, wem wurde ich gleich? Nicht wurde ich gleich diesen Wassern, denn auch diese Wasser sind still und sprudeln, und ihre Fische können Dich preisen, o Herr.

Weh mir, wem wurde ich gleich? Nicht wurde ich gleich dieser Erde, denn auch die Erde bringt ihre Früchte zur rechten Zeit und preist Dich, o Herr.

4. [1]Da trat der Engel des Herrn zu ihr und sprach: Anna, Anna, erhört hat Gott der Herr dein Flehen. Du wirst empfangen und gebären, man wird von deinem Nachkommen reden auf dem ganzen Erdkreis. Da sprach Anna: So wahr Gott der Herr lebt: Wenn ich einen Knaben oder ein Mädchen gebäre, so will ich das Kind als Gabe darbringen dem Herrn, meinem Gott, und es soll ihm dienen alle Tage seines Lebens.

[2]Und siehe, da kamen zwei Boten und sagten ihr: Siehe, dein Mann Joachim kommt mit seinen Herden. Denn der Engel des Herrn war zu Joachim herabgestiegen und hatte gesagt: Joachim, Joachim, Gott der Herr hat deine Bitte erhört. Geh fort von hier, denn siehe, deine Frau Anna ist schwanger geworden. [3]Und sogleich ging Joachim hinab, rief die Hirten und trug ihnen auf: Bringt mir zehn Lämmer ohne Fehl und Makel, die zehn Lämmer sollen Gott gehören. Und bringt mir zwölf zarte Kälber, und die zwölf Kälber sollen den Priestern und dem Hohen Rat gehören. Und dazu hundert Böcke, und die hundert Böcke sollen dem ganzen Volk gehören. [4]Und siehe, so kam Joachim mit seinen Herden. Und Anna stand unter der Tür und sah Joachim mit seinen Herden kommen. Sogleich lief Anna hin, fiel ihm um den Hals und sprach: Jetzt weiß ich, dass Gott der Herr mich reichlich

gesegnet hat; denn siehe, die Witwe ist keine Witwe mehr, und ich, die Kinderlose, ich habe im Leib empfangen. Und Joachim ruhte am ersten Tag in seinem Hause aus.

5. [1]Am folgenden Tag brachte er seine Gaben dar und sprach bei sich: Wenn Gott der Herr mir gnädig ist, so wird es mir das Stirnband des Priesters offenbar machen. Und als er seine Gaben darbrachte, achtete er auf das Stirnband des Priesters, bis dieser zum Altar des Herrn geschritten war, und er entdeckte keine Sünde bei sich selbst. Da sprach Joachim: Jetzt weiß ich, dass Gott der Herr mir gnädig ist und mir alle Verfehlungen vergeben hat. Gerechtfertigt ging er hinab vom Tempel des Herrn und kam zu seinem Haus.

[2]Als etwa sechs Monate vergangen waren, gebar Anna das Kind, und sie fragte die Hebamme: Was habe ich zur Welt gebracht? Die Hebamme antwortete: ein Mädchen. Da sprach Anna: Es preise meine Seele diesen Tag! Und legte es nieder. Als aber die Tage sich erfüllt hatten, reinigte sich Anna von ihrem Wochenbett und gab dem Kind die Brust; sie gab ihm den Namen Maria.

6. [1]Von Tag zu Tag wurde das Kind kräftiger. Als es sechs Monate geworden war, stellte seine Mutter es auf den Boden zur Probe, ob es stehen konnte. Und mit sieben Schritten kam es zum Schoß seiner Mutter. Da hob es seine Mutter auf und sprach: So wahr der Herr mein Gott lebt: Du sollst nicht mehr auf dieser Erde umhergehen, bis ich dich in den Tempel bringe. Und sie richtete eine heilige Ecke in seinem Schlafgemach ein und ließ auch nicht zu, dass es etwas Profanes oder Unreines zu sich nahm. Und sie bat die unberührten Töchter der Hebräer, dass sie mit ihm spielten.

[2]Am ersten Geburtstag des Kindes veranstaltete Joachim ein großes Festmahl und lud dazu die Oberpriester und Priester, die Schriftgelehrten und den Ältestenrat und die Bevölkerung ein. Joachim brachte das Kind zu den Priestern, und sie segneten es mit den Worten: Du Gott unserer Väter, segne dieses Kind und schenke ihm einen Namen, mit dem es ewig gerufen werden kann bei allen Geschlechtern. Und die versammelte Gemeinde sprach: So sei es, Amen. Dann brachten sie es zu den Oberpriestern, auch sie segneten es mit den Worten: Du Gott im höchsten Himmel, schau auf dieses Kind und segne es mit dem obersten Segen, der sich nicht überbieten lässt. [3]Und seine Mutter nahm es hinauf zum heiligen Winkel des Schlafgemachs und gab dem Kind die Brust. Und Anna stimmte für Gott den Herrn ein Loblied an:

Ein heiliges Lied will ich meinem Gott singen, denn er hat auf mich geschaut und von mir genommen die Schmähung meiner Widersacher, und gegeben hat mir der Herr mein Gott die einzigartige und reichhaltige Frucht seiner Rechtfertigung vor seinem Antlitz. Wer meldet den Söhnen Rubels, dass Anna stillen kann? Hört, hört es, ihr zwölf Stämme Israels: Anna stillt ein Kind! Und sie legte das Kind zur Ruhe in dem Schlafgemach mit dem heiligen Winkel. Dann ging sie hinaus und bediente die Gäste. Als das Mahl beendet war, zogen sie frohen Mutes hinab und priesen den Gott Israels.

7. [1]Für das Kind verging ein Monat nach dem anderen. Als das Mädchen zwei Jahre alt wurde, sprach Joachim: Wir wollen es hinaufbringen in den Tempel des Herrn, um das Versprechen zu erfüllen, das wir gegeben haben, damit der Herr uns nicht etwas zukommen lässt und unsere Gabe unwillkommen werde. Doch Anna sagte: Lass uns noch das dritte Jahr abwarten, damit es nicht Heimweh bekommt nach Vater und Mutter. Und Joachim sagte: Gut, warten wir.

[2]Als das Kind drei Jahre wurde, sagte Joachim: Lass uns die unberührten Töchter der Hebräer rufen. Sie mögen jede eine Fackel nehmen und sie am Brennen halten, damit das Mädchen sich nicht umwendet und sein Herz vom Tempel nicht weggelockt wird. So taten sie, bis sie hinaufkamen zum Tempel des Herrn. Der Priester empfing das Mädchen, mit einem Kuss segnete er es und sprach: Gott der Herr hat deinen Namen groß gemacht unter allen Geschlechtern. An dir wird der Herr am Ende der Tage offenbar machen die Erlösung für die Söhne Israels. [3]Und er setzte sie auf die dritte Stufe des Altars. Und Gott der Herr legte Anmut auf sie, und sie vollführte einen Tanz mit ihren (kleinen) Füßen. Das ganze Haus Israel gewann sie lieb.

8. [1]Und ihre Eltern zogen hinab, voller Verwunderung und Gott den Herrn lobpreisend, dass sie sich nicht nach ihnen umgewandt hatte. Doch Maria wurde im Tempel gepflegt wie eine Taube, und sie erhielt Nahrung aus der Hand eines Engels. [2]Als sie zwölf Jahre alt wurde, berieten sich die Priester und fassten folgenden Plan: Seht, Maria ist zwölf Jahre alt geworden im Tempel des Herrn. Was sollen wir jetzt tun, damit sie nicht das Heiligtum des Herrn, unseres Gottes, beflecke? Die Priester sagten zu ihm (dem Oberpriester): Du stehst am Altar des Herrn. Geh hinein und bete für sie, und wenn dir der Herr etwas kundtun sollte, das wollen wir ausführen. Da nahm der Priester das Zwölfglöckchen-Gewand und ging in das Allerheiligste hinein und

betete für sie. Siehe, da kam der Engel des Herrn und sprach: Zacharias, Zacharias, geh hinaus und rufe zusammen die Witwer des Volks. Sie sollen jeder einen Stab tragen, und wem Gott der Herr ein Zeichen gibt, dem soll sie als Frau gehören. Da zogen die Boten hinaus durch das gesamte Gebiet von Judäa und die Trompete des Herrn ertönte, und so liefen alle herbei.

9. [1]Joseph aber warf seine Axt beiseite und ging hinaus zur Begegnung mit den anderen. Und als sie versammelt waren, nahmen sie ihre Stäbe und begaben sich zu dem Priester. Der Priester aber nahm ihre Stäbe entgegen und betrat den Tempel, um zu beten. Als er sein Gebet beendet hatte, nahm er die Stäbe, ging hinaus und reichte sie ihnen. Doch kein Zeichen war an ihnen. Den letzten Stab bekam Joseph. Und siehe, eine Taube kam aus dem Stab hervor und ließ sich nieder auf Josephs Haupt. Da sprach der Priester: Joseph, Joseph, dir ist durch das Los des Herrn die Jungfrau zugesprochen. Nimm sie in deine Obhut! [2]Da entgegnete Joseph: Ich habe Söhne und bin schon alt, sie aber ist ein junges Mädchen. Ich fürchte, ich werde zum Gelächter für die Söhne Israels. Und der Priester sagte: Joseph, fürchte den Herrn deinen Gott und denke an das, was Gott Datan und Abiram und Korach getan hat, wie der Erdboden aufriss und alle verschlungen wurden wegen ihrer Auflehnung. Und jetzt fürchte dich, Joseph, dass dies nicht auch in deinem Haus geschehe. Da geriet Joseph in Furcht; er nahm sie auf in seine Obhut und sprach zu ihr: Maria, ich habe dich aus dem Tempel des Herrn empfangen. Ich lasse dich nun in meinem Haus. Denn ich gehe fort, um die Gebäude zu errichten; dann komme ich wieder zu dir. Der Herr möge dich behüten!

10. [1]Es fand aber eine Beratung der Priester statt, wobei sie beschlossen: Wir wollen einen Vorhang für den Tempel des Herrn herstellen. Da sagte der (Ober)priester: Ruft mir die unberührten Jungfrauen aus Davids Stamm! Da zogen die Diener aus, suchten einige aus und fanden sieben. Und der Priester erinnerte sich des Mädchens Maria, dass es aus dem Stamme David und unberührt war vor Gott. Und die Diener gingen hin und holten sie. [2]Dann führten sie die Mädchen in den Tempel des Herrn, und der Priester sagte: Werft mir das Los, wer das Gold und den Amiant und den Byssus und die Seide, das Hyazinthblau, den Scharlach und den echten Purpur weben soll! Und auf Maria fiel das Los »echter Purpur« und »Scharlach«. Sie nahm es mit und ging nach Hause. Zu jener Zeit geschah es, dass Zacharias verstummte; an

seine Stelle trat Samuel, bis Zacharias wieder sprechen konnte. Maria aber nahm den Scharlach und begann zu spinnen.

11. [1]Eines Tags nahm sie den Krug und ging hinaus, um Wasser zu schöpfen. Da sprach eine Stimme zu ihr: Sei gegrüßt, du Gnadenreiche, der Herr ist mit dir, gesegnet bist du unter den Frauen! Und Maria blickte nach links und nach rechts, woher wohl diese Stimme käme. Am ganzen Leibe zitternd kam sie nach Hause zurück, stellte den Krug ab, nahm den Purpur, setzte sich hin und spann den Purpur fertig. [2]Auf einmal stand ein Engel vor ihr und sagte: Fürchte dich nicht, Maria, denn du hast Gnade gefunden vor dem Allmächtigen. Du wirst aus seinem Worte schwanger werden. Als sie das hörte, stiegen Zweifel in ihr auf, und sie sagte: Ich soll empfangen vom Herrn, dem lebendigen Gott, und wie jede Frau gebären? [3]Da trat der Engel zu ihr und sprach: Nicht genauso, Maria, denn die Allmacht Gottes wird dich überschatten. Darum wird auch das Kind heilig genannt werden, Sohn des Höchsten. Und du sollst ihm den Namen Jesus geben, denn er wird sein Volk von ihren Sünden heilen. Da sagte Maria: Siehe, ich bin die Magd des Herrn vor ihm. Es geschehe mir nach deinem Wort.

12. [1]Und sie verfertigte den Purpur und den Scharlach und brachte es dem Priester. Der Priester nahm es entgegen und sprach, um sie zu segnen: Maria, Gott der Herr hat deinen Namen groß gemacht, du wirst gesegnet sein bei allen Geschlechtern der Erde. [2]Voller Freude begab sich Maria zu ihrer Verwandten Elisabeth und klopfte an die Tür. Als Elisabeth es hörte, legte sie den Scharlach hin, lief zur Tür und öffnete ihr, begrüßte sie und sprach: Woher geschieht mir dies, dass die Mutter meines Herren zu mir kommt? Denn siehe, das Kind in mir hüpfte und segnete dich. Maria aber hatte die geheimnisvollen Dinge vergessen, von denen der Engel Gabriel gesprochen hatte. Sie blickte zum Himmel auf und sprach: Wer bin ich, dass mich alle Frauen dieser Erde selig preisen? [3]Sie blieb drei Monate bei Elisabeth. Tag für Tag nahm ihr Leib an Umfang zu. Da fürchtete sich Maria, kehrte in ihr Haus zurück und hielt sich vor den Söhnen Israels verborgen. Sie war sechzehn Jahre alt, als diese geheimnisvollen Dinge mit ihr geschahen.

13. [1]Als sie im sechsten Monat war, siehe, da kehrte Joseph von seinen Bauarbeiten nach Hause zurück und fand sie schwanger. Da schlug er sein Gesicht und warf sich nieder auf den Sack; er weinte bittere Tränen und sagte: Mit welchem Gesicht soll ich den Herrn meinen Gott anblicken? Wie kann ich für sie beten? Denn als Jungfrau

habe ich sie aus dem Tempel Gottes des Herrn empfangen, und ich habe sie nicht behütet. Wer hat mir nachgestellt, wer hat diese Übeltat in meinem Haus begangen? Wer hat mir die Jungfrau entführt und sie befleckt? Hat sich etwa an mir die Geschichte Adams wiederholt? Denn wie Adam in der Stunde seines Lobgebetes (abwesend) war, die Schlange kam und Eva allein antraf, sie täuschte und beschmutzte, ebenso ist es mir nun widerfahren! 2Und er erhob sich von dem Sack, rief sie herbei und sagte: Du von Gott umsorgte, warum hast du das getan? Hast du den Herrn deinen Gott vergessen? Warum hast du deine Seele erniedrigt, die du im Allerheiligsten aufgezogen wurdest und Speise aus Engelhand empfingst? Sie aber weinte heftig und sagte: Rein bin ich, und einen Mann kenne ich nicht! Da sprach Joseph zu ihr: Woher ist dann, was du in deinem Leibe hast? Sie aber sagte: So wahr der Herr mein Gott lebt: ich weiß nicht, woher das in mir ist.

14. 1Da fürchtete sich Joseph sehr und entfernte sich von ihr, um zu überlegen, was er mit ihr tun solle. Und Joseph sagte: Wenn ich ihren Fehltritt verberge, so werde ich als einer erfunden, der gegen das Gesetz des Herrn streitet. Und wenn ich sie bloßstelle vor den Söhnen Israels, muss ich befürchten, dass ihre Leibesfrucht von Engeln stammen könnte und ich als jemand erfunden werde, der unschuldiges Blut dem Todesurteil ausliefert. Was soll ich mit ihr tun? Ich will sie heimlich von mir entlassen. Und die Nacht nahm ihn auf. Und siehe, da erscheint ihm der Engel des Herrn im Traum und spricht: Fürchte dich nicht um dieses Mädchens willen. Denn was in ihr ist, stammt von dem Heiligen Geist. Sie wird dir einen Sohn gebären, dem du den Namen Jesus geben wirst, denn er wird sein Volk aus ihren Sünden retten. Da erhob sich Joseph vom Schlaf und sagte Lob und Dank dem Gott Israels, der ihm solche Gnade erwies. Und er nahm das Mädchen in seine Obhut.

15. 1Da kam Annas, der Schriftgelehrte, zu ihm und sagte ihm: Joseph, warum bist du nicht bei unserer Versammlung erschienen? Er antwortete ihm: Weil ich von der Reise müde war und den einen Tag mich ausgeruht habe. Annas wendete sich um und erblickte die schwangere Maria. 2Darauf begab er sich eilends zu dem Priester und sagte ihm: Denk an, Joseph, für den du als Zeuge eingetreten bist, hat sich schwer vergangen! Da sprach der Hohepriester: Wieso? Er fuhr fort: Die Jungfrau, die Joseph aus dem Tempel des Herrn empfangen hat, befleckte er; er hat ihr Beilager gestohlen und hat es den Söhnen

Israels nicht kundgetan. Da sprach der Hohepriester zu ihm: Joseph soll das getan haben? Und er entgegnete: Schicke Diener aus, und du wirst die Jungfrau schwanger finden. Und die Bediensteten gingen weg und fanden sie, wie er gesagt hatte, und führten sie zum Tempel ab. Dort trat sie vor das Gericht. [3]Der Hohepriester sprach zu ihr: Maria, was hast du getan? Warum hast du deine Seele erniedrigt? Hast du den Herrn deinen Gott vergessen, du, die im Tempel erzogen wurde und Nahrung aus der Hand von Engeln empfing? Du, die ihre Lobgesänge hören und vor ihnen tanzen durfte, warum hast du das getan? Sie aber weinte sehr und sagte: So wahr Gott der Herr lebt: ich bin rein vor ihm, ich kenne keinen Mann! [4]Da sprach der Hohepriester: Joseph, warum hast du das getan? Joseph antwortete: So wahr der Herr mein Gott lebt: ich bin an ihr nicht schuldig geworden. Und der Hohepriester sprach: Lege kein falsches Zeugnis ab, sondern sprich die Wahrheit! Du hast ihr Beilager gestohlen und es den Söhnen Israels nicht kundgetan. Du hast dein Haupt nicht unter die starke Hand gebeugt, damit deine Nachkommenschaft gesegnet würde. Und Joseph schwieg.

16. [1]Der Hohepriester sprach: Gib die Jungfrau zurück, die du vom Tempel des Herrn empfangen hast! Darüber brach Joseph in Tränen aus, und der Hohepriester sprach: Ich will euch das Prüfungswasser des Herrn zu trinken geben, das wird eure Sünde vor euren Augen offenkundig machen. [2]Und der Hohepriester nahm es, gab Joseph zu trinken und schickte ihn in die Wüste. Er kam wohlbehalten zurück. Auch dem Mädchen gab er zu trinken und schickte es in die Wüste, auch sie kehrte wohlbehalten zurück. Da wunderte sich die ganze Gemeinde, dass keine Verfehlung an ihnen sichtbar wurde. Und der Hohepriester sprach: [3]Wenn Gott der Herr eure Verfehlung nicht offenbar macht, verurteile ich euch auch nicht. Und er ließ sie gehen. Joseph aber nahm Maria zu sich und begab sich in sein Haus, von Freude erfüllt und den Gott Israels preisend.

(Die Geburt Jesu:)

17. [1]Da erging ein Befehl von Augustus, dem Cäsar, dass alle Einwohner von Bethlehem in Judäa sich eintragen lassen sollten. Und Joseph sprach: Ich will meine Söhne eintragen lassen. Was soll ich aber mit diesem Mädchen machen? Wie soll ich sie aufschreiben lassen, als meine Frau? Da schäme ich mich. Oder als meine Tochter? Es wissen

ja alle Söhne Israels, dass sie nicht meine Tochter ist. Der Tag des Herrn
mag es machen, wie er will. [2]Und er sattelte seinen Esel und setzte sie
darauf; sein Sohn führte den Esel, und Samuel folgte. Und sie kamen
bis auf drei Meilen heran. Da wandte sich Joseph um und sah sie
betrübt und sagte sich: Vielleicht bedrängt sie das, was in ihr ist. Und
dann wandte sich Joseph wieder um und sah sie lachen. Da sprach er
zu ihr: Maria, was ist mit dir, dass ich dein Angesicht mal lachend und
dann wieder mal weinend sehe? Und sie antwortete ihm: Joseph, ich
sehe zwei Völker mit meinen Augen, ein weinendes und klagendes
und eines, das sich freut und jubelt. [3]Als sie den halben Weg zurückge-
legt hatten, bat Maria: Joseph, nimm mich von dem Esel herunter,
denn die Leibesfrucht bedrängt mich und will herauskommen. Und er
nahm sie dort herunter und fragte sie: Wo soll ich dich nur hinbringen
und dich vor Ungemach beschützen? Denn dieser Ort ist einsam.

18. [1]Und er fand dort eine Höhle und führte sie hinein, ließ seine
Söhne ihr Beistand leisten und ging hinaus, um eine Hebamme in der
Gegend von Bethlehem zu suchen.

[2]Ich aber, Joseph, ging umher und ging doch nicht umher. Ich
blickte zum Himmel auf und sah ihn stillstehen, ich schaute auf die
Luft und sah sie erstarrt und die Vögel des Himmels unbeweglich blei-
ben. Ich blickte zur Erde und sah dort eine Schüssel stehen und Arbei-
ter darum gelagert, und ihre Hände waren in der Schüssel. Aber die
Kauenden kauten nicht, und die etwas aufheben wollten, hoben nichts
auf, und die etwas zum Mund führen wollten, führten es nicht aus.
Vielmehr hatten alle den Blick nach oben gerichtet. [3]Und ich sah, wie
Schafe getrieben wurden, doch die Schafe blieben stehen. Der Hirte
hob die Hand, um sie zu schlagen, doch seine Hand blieb oben stehen.
Und ich sah auf den Lauf des Flusses und erblickte Böcke, deren Mäu-
ler auf dem Wasser lagen, aber nicht tranken. Dann nahm alles auf ein-
mal wieder seinen Lauf.

19. [1]Da sah ich eine Frau aus dem Bergland herabkommen, und sie
sprach zu mir: Mensch, wo gehst du hin? Ich sagte: Ich suche eine
hebräische Hebamme. Und sie entgegnete mir: Bist du aus Israel? Ich
sagte: Ja. Sie aber sprach: Und wer ist es, die in der Höhle gebiert? Ich
sagte: Meine Verlobte. Da sprach sie zu mir: Ist sie nicht deine Frau?
Und ich antwortete: Es ist Maria, die im Tempel des Herrn aufgezogen
wurde. Ich erhielt sie durch das Los zur Frau. Doch sie ist nicht meine
Frau, vielmehr hat sie das Kind empfangen vom Heiligen Geist. Da

sprach die Hebamme: Ist das wahr? Und Joseph sagte ihr: Komm und
sieh! Sie ging mit ihm. [2]Und sie gingen zu dem Ort der Höhle. Eine
dunkle Wolke überschattete die Höhle, und die Hebamme sprach:
Erhoben ist heute meine Seele, denn meine Augen haben Erstaunli-
ches gesehen, denn für Israel ist Heil geworden. Und sogleich verzog
sich die Wolke von der Höhle, und es erschien ein gewaltiges Licht in
der Höhle, so dass es die Augen nicht ertragen konnten. Und kurz
darauf verschwand das Licht, bis das Kind erschien. Es kam und nahm
die Brust von seiner Mutter Maria. Da schrie die Hebamme auf und
rief: Wie groß ist mir der heutige Tag, dass ich solch ein neues Schau-
spiel sehen durfte! [3]Als die Hebamme aus der Höhle heraustrat, begeg-
nete ihr Salome. Und sie sprach zu ihr: Salome, Salome, ich habe dir
ein völlig neues Schauspiel zu erzählen: eine Jungfrau hat ein Kind
geboren, was doch ihre Natur nicht erlaubt. Da sprach Salome: So
wahr der Herr mein Gott lebt: wenn ich nicht meinen Finger an die
Stelle lege und ihren Zustand untersuche, kann ich nicht glauben, dass
eine Jungfrau geboren hat!

20. [1]Da ging die Hebamme wieder hinein und sagte: Maria, lege
dich bereit, denn ein nicht geringer Streit hat sich um dich erhoben.
Maria vernahm es und hielt sich bereit. Salome legte ihren Finger auf
die Stelle, um ihren Zustand zu untersuchen. Da stieß Salome einen
Schrei aus und rief: Weh über meinen Frevelmut und meinen Unglau-
ben, denn ich habe den lebendigen Gott versucht! Sieh, wie verbrannt
fällt meine Hand von mir ab! [2]Und Salome beugte ihre Knie vor dem
Weltenherrn und sprach: Du Gott meiner Väter, sei dessen eingedenk,
dass ich ein Nachkomme von Abraham, Isaak und Jakob bin. Stell mich
nicht an den Pranger vor den Söhnen Israels, sondern gib mich den
Armen wieder. Denn Du weißt, o Herr, dass ich in Deinem Namen
meinen Dienst leistete und meinen Lohn von Dir empfing.

[3]Und siehe, der Engel des Herrn trat zu ihr und sprach: Salome,
Salome, der Allmächtige hat dein Gebet erhört. Strecke deine Hand zu
dem Kinde aus und nimm es auf den Arm, so wird dir Heil und Freude
werden. [4]Da wurde Salome froh, sie trat zu dem Kind, sie nahm es auf
den Arm und sprach: Huldigen will ich ihm, denn er ist als König für
Israel geboren worden. Sogleich wurde Salome geheilt und verließ
gerechtfertigt die Höhle. Und auf einmal ertönte eine Stimme:
Salome, Salome, verkündige nicht, was du Erstaunliches gesehen hast,
bis der Knabe nach Jerusalem hinaufgekommen ist.

21. [1]Darauf, als Joseph sich vorbereitete, nach Judäa* aufzubrechen, entstand in Bethlehem ein großes Getümmel. Es kamen nämlich Magier und fragten: Wo ist der König der Juden? Denn wir haben seinen Stern im Osten gesehen und sind gekommen, ihm zu huldigen. [2]Als Herodes das hörte, sandte er Diener zu den Magiern. Er ließ auch die Hohenpriester kommen und befragte sie im Prätorium: Wie steht über den Messias geschrieben? Wo wird er geboren? Sie antworten ihm: Zu Bethlehem in Judäa, denn so steht es geschrieben. Da entließ er sie. Und er befragte die Magier: Was für einen Hinweis auf den neugeborenen König kennt ihr? Da sagten die Magier: Wir haben gesehen, wie ein ungeheuer großer Stern unter den anderen Sternen aufleuchtete und sie verblassen ließ, so dass die Sterne nicht mehr schienen. Und so erkannten wir, dass in Israel ein König geboren wurde. Wir sind gekommen, um ihm zu huldigen. Und Herodes sprach zu ihnen: Geht hin und forschet nach, und wenn ihr (ihn) gefunden habt, dann berichtet mir, damit auch ich hingehen und ihm huldigen kann. [3]Da gingen die Magier fort. Und siehe, der Stern, den sie im Osten gegehen hatten, zog vor ihnen her, bis sie in die Höhle kamen, und er blieb stehen über dem Haupt des Kindes. Und die Magier sahen das Kind bei seiner Mutter Maria und nahmen Gaben aus ihrer Reisetasche: Gold, Weihrauch und Myrrhe. [4]Und als ihnen von dem Engel die Weisung zuteil wurde, nicht nach Judäa (Jerusalem) umzukehren, zogen sie auf einem anderen Weg wieder in ihr Land.

22. [1]Als Herodes erkannte, dass er von den Magiern hintergangen worden war, geriet er in Zorn und schickte die Henker aus mit dem Auftrag, alle Kinder von zwei Jahren und darunter umzubringen. [2]Als Maria hörte, dass die kleinen Kinder getötet wurden, nahm sie voller Furcht das Kind, wickelte es in Windeln und legte es in eine Futterkrippe. [3]Als Elisabeth hörte, dass nach Johannes gefahndet wurde, nahm sie ihn und stieg ins Gebirge hinauf. Sie blickte umher, wo sie ihn verstecken könnte, doch es gab kein Versteck. Da seufzte sie und sprach: Berg Gottes, nimm mich Mutter mit dem Kinde auf! Denn Elisabeth konnte vor Schwäche nicht weiter hinaufsteigen. Da spaltete sich plötzlich der Berg und nahm sie auf. Und jener Berg ließ Licht hindurchscheinen; denn ein Engel des Herrn war mit ihnen und beschützte sie.

* gemeint ist: Jerusalem

23. [1]Herodes aber fahndete weiter nach Johannes und schickte Schergen zum Altar des Zacharias, um ihn zu fragen: Wo hast du deinen Sohn versteckt? Er aber gab ihnen zur Antwort: Ich bleibe ständig als Diener Gottes in seinem Tempel. Wie kann ich wissen, wo mein Sohn ist? [2]Als die Schergen ihm dies alles meldeten, geriet Herodes in Zorn und sagte: Soll etwa sein Sohn König von Israel werden? Und er schickte die Schergen wieder hin, um ihm zu sagen: Sag mir die Wahrheit: Wo ist dein Sohn? Weißt du, dass dein Blut in meiner Hand ist? Die Schergen gingen hin und richteten ihm alles aus. Da antwortete Zacharias: Ich bin ein Zeuge Gottes. Mein Blut sollst du haben. Doch meinen Geist wird mein Gebieter aufnehmen, denn unschuldig ist das Blut, das du vergießt im Vorraum von Gottes Tempel. Und zur Morgendämmerung wurde Zacharias ermordet; doch die Söhne Israels wussten nicht, wie er zu Tode gekommen war.

24. [1]Indessen gingen die Priester zur Stunde der Begrüßung hin, doch der Segen des Zacharias kam ihnen nicht wie sonst entgegen. Die Priester standen und erwarteten Zacharias, um ihn mit Gebet zu begrüßen und den allerhöchsten Gott zu preisen. [2]Als geraume Zeit verging, überfiel sie alle Angst. Einer von ihnen aber fasste Mut und ging in das Heiligtum hinein. Da sah er neben dem Altar des Herrn vergossenes Blut und vernahm eine Stimme, die sagte: Zacharias ist ermordet worden, und sein Blut wird nicht abgewaschen, bis der Rächer kommt. Als er diese Worte vernommen hatte, fürchtete er sich, ging hinaus und meldete den Priestern, was er gesehen und gehört hatte. [3]Da wagten auch sie hineinzugehen und sahen, was geschehen war. Und das Gebälk des Tempels ächzte, und sie selbst zerrissen ihr Gewand von oben bis unten. Seinen Leichnam fanden sie nicht; wohl aber fanden sie sein Blut, das zu Stein geworden war. Von Furcht erfüllt kamen sie heraus und verkündeten: Zacharias ist ermordet worden. Das erfuhren alle Stämme des Volkes, und sie trauerten und beklagten ihn drei Tage und drei Nächte. [4]Nach den drei Tagen aber hielten die Priester Rat, wen sie an die Stelle des Zacharias einsetzen könnten. Das Los fiel auf Symeon. Denn er war es, dem vom Heiligen Geist geweissagt worden war, er werde den Tod nicht schauen, bis er den Messias im Fleische sähe.

25. [1]Ich aber, Jakobus, der ich diese Geschichte aufgeschrieben habe, hielt mich bei dem Tumult, der beim Tod des Herodes ausbrach, in der Wüste auf, bis der Aufruhr in Jerusalem sich gelegt hatte. Ich werde

den Herrn preisen, der mir die Weisheit schenkte, diese Geschichte aufzuschreiben. Die Gnade sei mit allen, die den Herrn fürchten. Ja so sei es. Friede sei dem, der es schrieb, und dem, der es liest.

Kommentar

Das Protevangelium des Jakobus entstand im 2. Jh. Es berichtet im ersten Teil über die wunderbare Geburt Mariens und im zweiten Teil über die Geburt Jesu, wobei die Kindheitsberichte des Matthäus- und des Lukasevangeliums vermischt sind. Ohne die wunderbare Geburt des Johannesknaben zu erwähnen, wird am Schluss der Tod des Zacharias geschildert. Der Titel »Protevangelium« (= Erst- bzw. Voraus-Evangelium) kam erst im 16. Jh. auf; er erklärt sich daraus, dass solche Ereignisse berichtet sind, die den biblischen Evangelien vorangehen. Die Schrift hat wesentlichen Einfluss auf die Entwicklung der Marienfrömmigkeit ausgeübt und gehörte lange zum festen Repertoire der biblischen Unterweisung. Außerordentlich beliebt war der bildhafte Inhalt bei den Malern im Mittelalter und in der Renaissance. Immer wieder trifft man in Ausmalungen alter Kirchen oder in Kunstsammlungen auf Motive gerade aus diesem Kindheitsevangelium, das uns zum Verständnis der Kindheitsgeschichte des Matthäus wichtig ist.

Manche Einzelzüge verraten, dass der Verfasser gewisse Details der mündlichen Überlieferung gut kennt, in geographischen Verhältnissen jedoch unsicher ist, die den Leser nötigen, einige Lücken zu ergänzen. Während die Vorgänge des ersten Teils über Marias Geburt leicht in Jerusalem und dem nur wenige Kilometer entfernten Bethlehem vorzustellen sind, fällt es schwer, im zweiten Teil die Wanderung nach Bethlehem als beschwerlich zu denken, da von dem weit entfernten Nazareth in Galiläa gar keine Rede ist, vielmehr der Leser voraussetzen muss, dass auch die der Geburt Jesu vorangehenden Ereignisse in Judäa vorzustellen sind. An vielen Einzelheiten ist zu bemerken, dass der Verfasser Einzelzüge und Wendungen den biblischen Evangelien entlehnt. – Der Verfassername »Jakobus« im Schlußsatz ist vermutlich ein Vorwand, um der Schrift größere Autorität zu verleihen.

Grundlage unserer Übersetzung ist die Parallelausgabe des alten griechischen Textes neben einer flüssigen Übersetzung ins Deutsche von Gerhard Schneider (in Band 18 der Sammlung Fontes Christiani: Apokryphe Kindheitsevangelien = Evangelia Infantiae Apocrypha, Freiburg 1995), die nur in einigen Einzelzügen einer genaueren Fassung bedurfte.

4) Aus dem Koran

Aus der 3. Sure: Die Familie Amrans

[46]Die Engel sprachen ferner: O Maria, Gott verkündet dir das von ihm
kommende Wort, sein Name wird sein: Messias Jesus, Sohn Marias.
Herrlich wird er sein in dieser und in jener Welt und zu denen gehören,
denen des Herrn Nähe gewährt ward. [47]Er wird in der Wiege schon
und auch im Mannesalter zu den Menschen reden und wird sein ein
frommer Mann. [48]Maria erwiderte: Wie soll ich einen Sohn gebären, da
mich ja kein Mann berührt? Der Engel antwortete: Der Herr schafft,
was und wie er will; so er irgend etwas beschlossen und spricht: Es
werde! – so ist es. [49]Er wird ihn auch unterweisen in der Schrift und
Erkenntnis, in der Thora und dem Evangelium, [50]und ihn senden zu den
Kindern Israels. Er spricht: Ich komme zu euch mit Zeichen von eurem
Herrn. Ich will aus Ton die Gestalt eines Vogels euch machen und ihn
anhauchen, und er soll, mit dem Willen Allahs, ein lebendiger Vogel
werden. Die Blinden und Aussätzigen will ich heilen und, mit dem
Willen Allahs, Tote lebendig machen und euch sagen, was ihr esst und
bewahrt in euren Häusern. Dies alles wird euch ein Zeichen sein, wenn
ihr nur gläubig seid. [51]Ich bestätige die Thora, die ihr vorlängst erhalten,
erlaube aber einiges, was euch sonst verboten; ich komme zu euch mit
Zeichen von eurem Herrn. Fürchtet ihn und folget mir. [52]Denn Allah
ist mein und euer Herr. Ihn verehrt, das ist der rechte Weg.

Aus der 19. Sure: Maria (Maryam)

[17]Erwähne auch in dem Buch (im Koran) die Geschichte **Marias**. Als
sie sich einst von ihrer Familie nach einem östlichen Gemach im Tem-
pel zurückzog, um zu beten [18]und sich verschleierte, da sandten wir ihr
unsern Geist (den Engel Gabriel) in der Gestalt eines schön gebildeten
Mannes. [19]Sie sagte: Ich nehme, aus Furcht vor dir, meine Zuflucht zu
dem Allbarmherzigen; wenn auch du ihn fürchtest, dann nähere dich
mir nicht. [20]Er aber erwiderte: Ich bin von deinem Herrn gesandt, dir
einen heiligen Sohn zu geben. [21]Sie aber antwortete: Wie kann mir ein
Sohn werden, da mich ja kein Mann berührt hat und ich auch keine
Hure bin? [22]Er aber erwiderte: Es wird dennoch so sein; denn dein
Herr spricht: Das ist mir ein Leichtes. Wir machen ihn zu einem Wun-
derzeichen für die Menschen, und er sei ein Beweis unserer Barmher-
zigkeit. So ist die Sache fest beschlossen.

[23]So empfing sie den Sohn, und sie zog sich (in ihrer Schwanger-
schaft) mit ihm zurück an einen entlegenen Ort. [24]Und eines Tages
befielen sie die Wehen der Geburt am Stamm einer Palme, da sagte
sie: O wäre ich doch längst gestorben und ganz vergessen! [25]Da rief
eine Stimme unter ihr: Sei nicht betrübt, schon hat dein Herr zu
deinen Füßen ein Bächlein fließen lassen, [26]und schüttle nur an dem
Stamm des Palmbaumes, und es werden reife Datteln genug auf dich
herabfallen. [27]Iss und trink und erheitere dein Auge (beruhige dich).
Und wenn du einen Menschen triffst, der dich vielleicht des Kin-
des wegen befragt, dann sage: Ich habe dem Allbarmherzigen ein
Fasten gelobt, und ich werde daher heute mit niemandem sprechen.
[28]Sie kam nun mit dem Kind in ihren Armen zu ihrem Volk, welches
sagte: O Maria, du hast eine sonderbare Tat begangen! [29] O Schwester
Aarons, dein Vater war wahrlich kein schlechter Mann, und auch deine
Mutter war keine Hure. [30]Da zeigte sie auf das Kind hin, damit es rede;
worauf die Leute sagten: Wie, sollen wir mit einem Kind in der Wiege
reden?

[31]Das Kind (Jesus) aber sagte: Wahrlich, ich bin der Diener Allahs, er
gab mir die Schrift und bestimmte mich zum Propheten. [32]Er gab mir
seinen Segen, wo ich auch sei, und er befahl mir, das Gebet zu verrich-
ten und Almosen zu geben, solange ich lebe, [33]und liebevoll gegen
meine Mutter zu sein. Er machte keinen elenden Hochmütigen aus
mir. [34]Friede kam über den Tag meiner Geburt und werde dem Tag
meines Todes und dem Tag, an welchem ich wieder zum Leben aufer-
weckt werde. [35]Das ist nun Jesus, der Sohn der Maria; das Wort ist
Wahrheit, das sie bezweifeln.

Kommentar:

Im Koran sind manche Einzelzüge der Kindheitsgeschichten Jesu überliefert, die weder in den kanonischen noch in den apokryphen Evangelien enthalten sind. Dadurch scheint jener Vorwurf bestätigt, den Mohammed gegen Juden und Christen gleichermaßen erhob: sie hätten ihre schriftliche Überlieferung nicht treu bewahrt. Gegenüber den Juden ist diese Behauptung kaum berechtigt. Deren Schrifttreue beweisen die in den Höhlen von Qumran gefundenen Jesaja-Texte, die vor mehr als 2000 Jahren abgeschrieben wurden und mit heutigen Jesaja-Wiedergaben wörtlich übereinstimmen. Hinsichtlich der Christen könnte man eher von einer gewissen Sorglosigkeit im Umgang mit der *mündlichen* Überlieferung sprechen, trotz des in Sure 5,16 wiedergegebenen Ausspruchs Allahs: »*O ihr Schriftbesitzer, unser Gesandter ist nun zu euch gekommen, um euch viele Stellen in der Schrift anzuzeigen, die ihr weggelassen. Manche wird auch er übergehen. Nun ist euch ein Licht und eine deutliche Schrift von Allah zugekommen.*«

Abgesehen von gewissen Unterschieden und Verwechslungen biblischer Personen sowie farbigen Ausmalungen bezeugen einzelne Episoden, dass Mohammed viele Geschichten so übernommen hat, wie er sie von den nestorianischen Christen im 7. Jh. überliefert bekam. Im Koran wird das Verstummen des Zacharias auf drei Tage verkürzt, das bei Lukas die neun Monate der gesamten Erwartungszeit andauert. Das Sprechen des Jesuskindes gleich nach seiner Geburt wird bezeichnenderweise außer im Koran nur im arabischen Kindheitsevangelium (Kap. 2) erzählt, dort jedoch wesentlich besser verständlich (vgl. Kapitel »Die neue Erkenntnis wird kosmisch verankert ...«). Leicht lässt sich hieran erkennen, wie die altchristliche Überlieferung, die von Mohammed vielfach als Quelle benützt wird, bis zu ihrem Einmünden in den Koran sich abgeschwächt hat zu einer Art allgemeiner Verhaltensregel für jeden Moslem. –

Schon die hier zitierten kurzen Auszüge aus zwei Suren lassen erkennen, dass Jesus im Koran als Prophet ein hohes Ansehen genießt. So verweist die 3. Sure ausdrücklich auf die Heilungen des Propheten Jesus: *Die Blinden und Aussätzigen will ich heilen und, mit dem Willen Allahs, Tote lebendig machen.* Das erinnert an die Worte, mit denen Jesus die Frage des gefangenen Täufers Johannes beantwortet (vgl. die Wiedergabe der Episode am Ende des Kapitels »Die drei Messiasgestalten im essenischen Schrifttum«). Die Heiltätigkeit Jesu unterscheidet ihn von Mohammed, der keine Heilungen vollbrachte.

Beim Weiterlesen im Koran wird es manchen Christen überraschen, wie positiv der Prophet Jesus durchgehend gewürdigt wird; kein Andersgläubiger braucht sich dieser Behandlung zu schämen. Auch Rudolf Frieling betont die positive Würdigung Jesu im Koran (Christentum und Islam, Stuttgart 1977).

Unsere Übersetzung aus den Suren folgt dem Text von L. Ullmann, Der Koran, das heilige Buch des Islam, neu bearbeitet von L. Winter, München 1960. – Rudolf Frieling bietet beide Suren in anderer Übersetzung.

5) Literatur: Schriften Rudolf Steiners

GA 15, Die geistige Führung des Menschen und der Menschheit (Dornach 2001)
GA 109, Das Prinzip der spirituellen Ökonomie
GA 112, Das Johannes-Evangelium im Verhältnis zu den drei anderen Evangelien
GA 114, Das Lukas-Evangelium, [5]1955
GA 117, Die tieferen Geheimnisse des Menschheitswerdens im Lichte der Evangelien, 1966
GA 118, Das Ereignis der Christus-Erscheinung in der ätherischen Welt
GA 123, Das Matthäus-Evangelium
GA 127, Die Mission der neuen Geistesoffenbarung
GA 130, Das esoterische Christentum und die geistige Führung der Menschheit
GA 131, Von Jesus zu Christus
GA 139, Das Markus-Evangelium
GA 141, Das Leben zwischen dem Tode und der neuen Geburt im Verhältnis zu den kosmischen Tatsachen
GA 142, Die Bhagavad Gita und die Paulusbriefe
GA 145, Welche Bedeutung hat die okkulte Entwicklung des Menschen für seine Hüllen … und sein Selbst?
GA 146, Die okkulten Grundlagen der Bhagavad Gita
GA 148, Aus der Akasha-Forschung – das Fünfte Evangelium
GA 149, Christus und die geistige Welt, Von der Suche nach dem heiligen Gral
GA 150, Die Welt des Geistes und ihr Hereinragen in das physische Dasein
GA 152, Vorstufen zum Mysterium von Golgatha
GA 167, Gegenwärtiges und Vergangenes im Menschengeiste
GA 181, Erdensterben und Weltenleben. Anthroposophische Lebensgaben …
GA 187, Wie kann die Menschheit den Christus wiederfinden?
GA 201, Entsprechungen zwischen Mikrokosmos und Makrokosmos
GA 233a, Mysterienstätten des Mittelalters
GA 237, Esoterische Betrachtungen karmischer Zusammenhänge Bd III
GA 266/3, Aus den Inhalten der esoterischen Stunden Bd III
GA 292, Kunstgeschichte als Abbild innerer geistiger Impulse
GA 349, Vom Leben des Menschen und der Erde; über das Wesen des Christentums

Mehrfach benützte weitere Literatur

Apokryphe Kindheitsevangelien (Evangelia Infantiae Apocrypha, leider nur in Auswahl !), Freiburg 1995.

A. Arenson, Die Kindheitsgeschichte Jesu – Die zwei Jesusknaben, Stuttgart 1921 (Neuauflage Freiburg 1980 unter dem Titel: Ergebnisse aus dem Studium der Geisteswissenschaft Rudolf Steiners, Heft 2).

A. Berendts, Studien über Zacharias-Apokryphen und Zacharias-Legenden, Leipzig 1895.
E. Bock, Cäsaren und Apostel, Stuttgart [5]1978.
E. Bock, Kindheit und Jugend Jesu, Stuttgart [9]1994.
A. Dupont-Sommer, Die essenischen Schriften vom Toten Meer, Tübingen 1959.
O. Edwards, Chronologie des Lebens Jesu und das Zeitgeheimnis der drei Jahre, Stuttgart 1978.
A.K. Emmerich, Das arme Leben unseres Herrn Jesu Christi, Aschaffenburg 1954.
Eusebius von Cäsarea, Kirchengeschichte, nach der Übersetzung von H. Kraft, Darmstadt 1967.
Hennecke-Schneemelcher, Neutestamentliche Apokryphen Bd. 1, Tübingen 1968
M. Hesemann, Jesus von Nazareth, Augsburg 2009
F. Hiebel, Bibelfunde und Zeitgewissen, Stuttgart 1959.
H. Krause-Zimmer, Die zwei Jesusknaben in der bildenden Kunst, Stuttgart 1969 und weitere Auflagen.
H. Krause-Zimmer, Christian Rosenkreutz – sich kreuzende Lebenswege, Dornach 2009.
K.G. Kuhn, Die beiden Messias Aarons und Israels, New Testament Studies 1, 1954/5, 168–179.
D. Lauenstein, Der Messias, Stuttgart 1971.
Ch. Lindenberg, Rudolf Steiner – eine Biographie, Bd 1 Stuttgart 1997.
Ch. Lindenberg, Rudolf Steiner – eine Chronik, Stuttgart 1988.
J. Maier, Die Texte vom Toten Meer, Erste deutsche Gesamtübertragung, 2 Bde, München/Basel 1960.
L. Mariès, Le Messie issu de Lévi chez Hippolyte de Rome, in Recherches de Science Rel. XXXIX,1, 1951, 386–396.
Th. Maurer, Die Weisen aus dem Morgenland, Das Goetheanum 27.Jg. 1948 S. 403 ff.
R. Meyer, Elias, Stuttgart 1964.
R. Meyer, Zum Raum wird hier die Zeit – die Gralsgeschichte, Stuttgart 1980/83.
F. Münter, Der Stern der Weisen, Kopenhagen 1827.
Ch. Rau, Die Vier um den Einen, Bochum 2008.
Ch. Rau, Das Matthäusevangelium, Stuttgart 1976.
P. Riessler, Altjüdisches Schrifttum außerhalb der Bibel, Augsburg 1928.
A. Rücker, Zwei nestorianische Hymnen über die Magier, Oriens Christianus ed. A. Baumstark, Leipzig 1923, 33–56.
P. Selg, Das Ereignis der Jordantaufe, Stuttgart 2008.
R. Wagner, Die unbekannten Jahre Jesu, Stuttgart [2]1995.
Y. Yadin, The Dead Sea Scrolls and the Epistle to the Hebrews, in Scripta Hierosolymitana Vol. IV, Jerusalem 1958